세종의 원칙

세종의 원칙

시대를 초월한 가르침
세종에게 묻다

박영규 지음

미래의창

들어가는 말

위대한 시대를 낳은 열린 리더십

세종은 살아있는 역사다. 자연인 세종의 생애는 600년 전에 이미 끝났지만 사회문화적 현상으로서의 세종은 그 긴 세월을 넘어갈수록 존재감이 커지고 있다. 기업의 CEO, 정부 관료, 학자, 학생, 회사원, 주부, 은퇴자 등 남녀노소 계층과 직업을 가리지 않고 많은 사람들이 그를 흠모하면서 그와 대화를 나누고자 한다. 이 책은 이런 '세종 현상'의 뿌리에 다가서기 위한 나의 지난한 탐구 작업의 결과다.

세종이 성군으로 추앙받는 이유는 무엇보다 탁월한 업적 때문이다. 한글 창제를 비롯하여 측우기, 혼천의, 간의, 앙부일구 같은 혁신적인 과학기술품의 발명, 4군6진의 개척과 같은 영토 확장, 궁중음악 체계 정비 등 세종이 남긴 숱한 업적은 오늘날 우리 삶에도 크게 영향을 미치고 있다.

특히 한글 창제는 우리나라뿐만 아니라 인류문화사에 길이 빛날 업적이다. 하버드대학 라이샤워와 페어뱅크 교수의 "한글은 오늘날 사용되고 있는 모든 문자 중에서 가장 과학적인 체계일 것"이라는 찬사를 시작으로 세계적인 언어학자들, 문화인류학자들, 펄벅과 같은 위대한 작가들의 찬사가 끊임없이 이어져 왔다.《총·균·쇠》의 저자로 유명한 과학자 제레드 다이아몬드의 찬사는 숱한 찬사들의 종합편이다.

"한글은 인간의 창조성과 천재성에 대한 위대한 기념비적인 문자이며, 간결하고 우수하기 때문에 한국인의 문맹률이 세계에서 가장 낮다. 세계에서 가장 뛰어난 문자체계라고 칭송받는 것은 당연하다."

미술작가로 활동하다가 순전히 한글의 매력에 빠져 언어학자로 변신한 노마 히데키 교수는 한글을 "문자의 기적"으로 표현하고, 한글 연구에 매달린 끝에 《HANGURUの誕生》(한글의 탄생)이라는 역작을 내놓으면서 한글 연구의 대가가 되었다.

유엔의 교육과학문화기구인 유네스코가 해마다 '세계 문해(文解)의 날'에 문맹 퇴치에 기여한 개인 및 단체에게 수여하는 상이 바로 'UNESCO King Sejong Literacy Prize'(유네스코 세종대왕 문해상)인 것만 봐도 한글의 문화적 위상과 실용적 가치를 알 수 있다.

세종이 이런 한글을 창제하지 않았다면 한류도, 문화강국 대한민국도 없었을 것이다. 세종이 발아시킨 우수한 과학기술과 장인정신에 깃든 기술 DNA 덕분에 우리는 IT 강국이 되었다. 방탄소년단이 빌보드 차트를 휩쓸고 영화 〈기생충〉이 칸과 아카데미를 석권한 것도 우리 음악과 문화의 체계를 주체적으로 정립한 세종 시대의 성과에 그 뿌리가 닿아 있다.

시대의 한계를 초월한 원칙

이런 업적들 말고도 세종의 치세를 돌아볼 때 잊지 말아야 할 중요한 유산이 하나 더 있다. 세종의 국가 경영 원칙이다. 세종이 남긴 유산은 한글이든 과학발명품이든 모두 백성과 더불어 즐거워야 한다는 여민락(與民樂)의 정신이 낳은 개가다. 세종의 일관된 국가 경영 원칙이 이런 모든 업적의 바탕이 되었다. 이제 그 원칙이 우리를 편달(鞭撻)하여 더 나은 미래로 이끌어 줄 것이다.

세종 개인이 이루었다고는 도무지 믿기지 않을 만큼 엄청난 업적의 배경에는 세종만의 분명한 원칙이 있다. 국가 대사를 결정할 때는 충분한 토론을 통해 조정의 중론을 모으는 '숙의민주주의'를 원칙으로 삼았으며, 인재를 등용할 때는 출신 성분에 구애받지 않고 능력에 따라 선발하는 '능력우선주의'를 인사 원칙으로 삼았다. 국가의 영토가 걸린 문제에서는 촌척도 양보하지 않았으며, 외교에서는 강대국에게 예를 갖춰 머리를 숙이되 철저하게 그에 상응하는 실리를 챙겼다.

책을 읽을 때도 세종은 자기만의 원칙을 세웠다. 문리를 터득할 때까지 수십 번, 수백 번 반복해서 읽고, 역사와 철학을 위주로 읽되 천체물리학, 수학, 지리학, 음악 등 자연과학과 예술 분야에도 소홀하지 않았다.

세종은 이처럼 폭넓은 독서를 통해 사고의 깊이와 세상을 보는 안목을 키웠는데, 밤을 새워 책을 읽느라 눈병을 얻을 정도였다. 세자의 건강을 염려한 태종이 야간에 책을 읽지 말라는 야간 독서 금지령을 내릴 정도였다. 태종이 동궁전의 책을 모두 회수해 오도록 했는데, 요행히 병풍 뒤에 숨겨져 있던《구소수간(歐蘇手簡)》한 권이 남겨졌다. 달리 읽을 책이 없게 되자 세종은 송(宋)의 최고 문장인 구양수(歐陽脩)와 소동파(蘇東坡)의 편지글을 모은 이 책을 천 번이 넘도록 읽었다.

일찍이 세자를 양녕대군에서 충녕대군(세종)으로 바꿀 때도 신하들이 내세운 명분이 '현자론(賢者論)'일 정도로 세종은 변계량과 같은 당대 최고의 석학들에게 학문적 성취를 인정받았고, 몸가짐이나 지혜에서도 출중한 성군의 자질을 보였다. 셋째아들인 충녕은 태어나기는 왕이 될 운명이 아니었지만 지독한 공부로 운명을 바꾸었다.

“먼저 그대들의 의견부터 듣겠다!”

신하들과의 소통에서는 말하기 전에 먼저 듣는 것이 세종의 원칙이었다. 들을 청(聽)자를 파자해 보면 왼쪽에는 귀 이(耳)자 밑에 임금 왕(王)자가 있고, 오른쪽에는 열 십(十)자와 눈 목(目)자 그리고 그 밑에 한 일(一)자와 마음 심(心)자가 있다. 군주의 가장 큰 덕목은 큰 귀로 듣고 많은 눈으로 두루 살펴 신하와 백성의 마음을 하나로 모으는 데 있다는 의미다. 역대 이런 덕목을 가장 잘 실천한 임금이 세종이다.

세종은 취임 일성부터 달랐다. “과인의 국가 경영 철학은 이러이러하니 명심하여 따르라!”는 것이 아니라 “먼저 그대들의 의견부터 듣겠다!”는 거였다. 즉위하면서부터 신하들과의 적극적인 소통에 나선 세종은 어떤 쓴소리라도 마음을 열고 경청했다. 조회에서 자신을 ‘소신’이 아니라 ‘소인’이라 칭하면서까지 자기 말을 들어주지 않는다며 임금에게 바락바락 대들던 고약해에게도 “기탄없이 큰소리로 말하라”며 언로를 터주었고, 임금의 정책에 사사건건 발목을 잡고 소수의견을 내는 허조에게도 “그대의 말에도 일리가 있다”며 귀를 기울였다.

압권은 조세제도 개혁을 두고 신료와 백성의 의견을 두루 경청한 일이다. 세종 9년부터 추진한 조세 개혁이 양반들의 반대에 부딪혀 3년이 되도록 진전이 없자 세종 12년, 개혁안을 마련하여 5개월에 걸쳐 전·현직 관리와 양반은 물론 양인들까지 17만여 명이 참여한 초유의 여론조사를 실시했다. 그 결과 찬성이 10만 명에 이르러 유리한 여론을 확보했지만 7만여 명의 반대의견도 존중하여 개혁안을 곧바로 밀어붙이지 않고 절충안 마련에 들어갔다. 결국 최종안이 확정된 것은 14년 뒤인 세종 26년이었다. 반대 세력을 설득하고 국론을 하나로 모으기 위한 세종의 인내심은 참으로 경탄스럽다.

신뢰와 위임의 리더십

세종은 국가를 경영하는 데 무위(無爲)의 리더십을 발휘했다. 군주로서 국정의 큰 틀과 방향만 정하고 나머지는 신료들에게 전적으로 위임하는 것을 원칙으로 삼았다. "리더가 무위해야 일을 맡은 사람이 책임감을 가진다"(無爲也則任事者責矣)는 장자의 말 그대로 세종은 리더로서 무위하고자 했고, 신료들은 하나같이 국사를 자신의 일로 여기며 최선을 다했다.

세종 치세를 떠받친 정승 황희, 맹사성과 집현전 학사들을 비롯해 김종서, 최윤덕, 조말생, 장영실, 박연 등은 세종의 국정 원칙이 배출한 대표적인 인재들이다. 세종은 신료들과의 치열한 토론을 통해 국정의 큰 가닥을 잡은 후 실무는 "그대들이 알아서 전장하라"며 각 분야의 팀장급 신료들에게 맡겼다. 국정의 총괄은 황희에게, 국방은 김종서에게, 과학은 장영실에게, 음악은 박연에게 일임하는

식이었다.

일을 추진하는 과정에서 작은 허물이 있어도 원칙에서 크게 벗어나지 않으면 탓하지 않았으며, 특히 밤낮으로 북방의 적을 대적해야 하는 국방 분야에서는 위임과 면책의 범위를 대폭 확대했다. 황희는 아흔이 다 되도록 국정에 헌신했고, 김종서는 예순이 넘도록 번방을 꿋꿋하게 지켰다. 세종의 신임을 받아 요직을 두루 거치고 정승까지 지낸 허조가 죽으면서 남긴 말이 경청하는 리더로서 세종의 면모를 잘 보여준다.

"임금은 내가 간하면 들어주셨다. 나는 국가의 일을 내 책임으로 여기며 살았다. 나는 행복하게 눈을 감는다."

세종 치세로부터 100여 년이 지나 율곡 이이가 평가한 세종의 용인(用人)에 국정 철학과 원칙이 고스란히 집약되었다.

"세종대왕은 사람을 쓰되 자기 몸과 같이 하였다. 현인과 재능 있는 이를 쓰되 그 부류를 따지지 않았다. 임용하고 말을 채택함에 오롯이 하여 참소와 이간질이 들어갈 수 없었다. 또 지위가 그 재능에 합당하면 종신토록 바꾸지 않았다."

이럴 때 세종이라면…

역사는 거울이다. 그래서 역사서 제목에는 대개 거울 감(鑑)자가 붙어 있다. 북송의 역사가 사마광은 《자치통감(資治通鑑)》에서 군주가 갖춰야 할 덕목 네 가지를 들었다.

첫째, 아랫사람이 기꺼이 따르게 하는 힘을 갖출 것. 둘째, 정확하게 일을 맡기고 적재적소에 인재를 배치할 것. 셋째, 일을 맡겼으면 간섭하지 말 것. 넷째, 군주의 권위를 내려놓고 한없이 겸손할 것.

바로 율곡이 평가한 세종의 면모 그대로다. 역사를 거울로 삼아 위대한 시대를 연 세종은 그 자신이 면면한 거울이 되어왔다. 살아가면서 길을 잃었다면 그 거울에 물어보자.

"이럴 때 세종이라면 어떻게 했을까?"

차례

6장 훈민정음 창제의 원칙

7장 인간으로서의 원칙

1장

태종의 유산

왕자의 난이라는 피바람을 뚫고 보위에 오른 태종은 왕권의 안정을 위해 무엇보다 장자 승계의 전통을 세우고 싶어 세자(양녕대군)의 일탈에도 무한한 인내심을 발휘했지만 결국 그 소망을 접어야 했다. 세자의 악행이 금도를 넘어서자 어쩔 수 없이 셋째 충녕대군으로 세자를 교체한 태종은 사직과 왕권을 반석에 올리고 새로운 세자의 앞길을 터주기 위해 악역을 자처했다.

1

왕권 강화의 기틀을 마련하다

고려는 무신정권 이후 왕실이 사실상 원에 예속되어 왕권은 유명무실했고, 지배층의 부패와 타락으로 백성은 도탄에 빠졌다. 게다가 대규모 군대 조직을 갖춘 왜구의 잦은 침탈은 고려 조정으로서도 대처하기 벅찬 기세여서 이래저래 죽어나는 건 백성이었다. 그런 가운데 원의 쇠퇴를 틈타 자주성을 회복하고 내정을 혁파하려는 공민왕의 개혁이 무위로 돌아가면서 고려로서는 마지막 회생의 기회마저 사라졌다.

이후 고려왕조가 마지막 가쁜 숨을 몰아쉬는 가운데 젊은 장군 이성계가 북방의 홍건적과 남방의 왜구를 잇달아 토벌하는 등 승승장구하면서 새로운 영웅으로 떠올랐다. 최영이 무리하게 밀어붙인 북벌 끝에 벌어진 '위화도 회군'이라는 결정적 사건이 없었더라도 이미 민심이 떠난 고려는 언제고 무너질 왕조였다.

최영을 축출하고 권력을 잡은 이성계 일파는 마지막 걸림돌인 정몽주까지 제거하고 조선왕조를 개창했다.

이성계를 추대하여 새 왕조를 설계하고 기틀을 잡은 인물은 고려왕조에 절망한 정도전이었다. 정도전은 두 번에 걸친 유배생활을 하면서 백성들의 참담한 실상을 목격하고 가슴속에 혁명의 싹을 키웠다. 마침내 이성계라는 주군을 섭외하여 새로운 왕조를 설계하고 성공적으로 출범시킨 그는 왕권(王權)과 신권(臣權)이 균형을 이루는 군신공치(君臣共治), 즉 임금과 신하가 공동으로 통치하는 국가를 내세웠다. 하지만 이마저도 명목일 뿐 궁극적으로는 왕은 군림만 하고 실권을 가진 내각이 통치하는 재상 중심의 신권국가가 정도전이 추구하는 이상국가였다. 고려의 어리석은 군주들에 신물이 난 정도전은 세습군주 일인의 자질에 좌우되지 않고 제도와 법을 바탕으로 한 시스템으로 통치되는 국가를 꿈꾼 것이다. 한마디로, 오너 리스크를 최소화하려 한 것이다.

군신공치만 해도 신하의 입김이 왕권을 강력하게 견제하는 권력구조다. 임금이 추진하는 정책에 신하들이 시비를 따지고 제동을 거는 일이 일상이다시피 할 것이고, 그러면서 왕권을 약화시키고 형식화해 갈 것이다. 그런 반면에 임금에게 정치적 책무와 도덕적 의무는 최고 수준으로 요구할 것이다.

정도전이 설계한 경복궁에 그런 프레임이 고스란히 투영되었다.

임금이 신하들과 국사를 논하는 대전(大殿) 이름부터 "부지런히 힘써 일한다"는 근정전(勤政殿)이다. 임금이 평상시에 거처하면서 정사를 보는 편전(便殿)은 "생각하고 의논한다"는 사정전(思政殿)이다. 임금의 침전(寢殿)은 "아프지 않고 건강하다"는 강녕전(康寧殿)이다. 이런 이름들에는 임금의 일거수일투족을 신하들이 간여하고 규율하겠다는 의지가 내포되어 있다.

이 모든 것을 정도전이 주도했다. 이성계는 정도전을 무한 신뢰하여 모든 것을 그에게 맡겼고, 그러는 사이에 사병 혁파를 명분으로 왕자들과 권신들의 손발을 묶은 정도전은 병권까지 장악함으로써 그의 '이상국가'를 향해 거침없이 나아갔다.

그러나 태조 이성계의 다섯째아들 이방원은 그런 정도전을 의혹의 눈초리로 바라보았다. 군신공치라니? 정도전의 의도대로 놔두었다가는 죽 써서 개 주는 꼴이 되고 말 것임을 간파했다. 결정적으로는 세자 책봉 과정에서 신덕왕후 강씨와 결탁한 정도전이 자신을 비롯한 전실 왕자들을 노골적으로 배제하자 마침내 정도전을 제거하기로 작정한다.

절묘한 타이밍을 틈타 정도전을 일거에 제거한 이방원이 두 번의 '왕자의 난' 끝에 조선의 3대 임금에 오르니 태종이다. 이방원은 호방한 기질로 인해 전형적인 무인 같지만 이성계 가계에서 유일하게 문과에 급제했을 정도로 학문적 소양이 뛰어난 문인이다.

1382년, 15세의 이방원은 진사시험에 2등으로 뽑히고 이듬해 문과에 급제했는데, 이때 김한로가 장원을 했다. 이방원은 왕위에 오른 뒤 김한로의 딸을 세자(양녕대군)의 배필로 삼았다. 그리고 매번 들고 날 때마다 김한로를 '장원'이라 부르며 함부로 이름을 부르지 않았다.

_성현, 《용재총화》

이성계 부부는 이방원이 고려 말 과거시험에 합격하자 마당에 나와 덩실덩실 춤을 추었다. 그만큼 이방원은 이성계 집안의 촉망받는 인재였고 기둥이었다.

실록의 기사를 보면 태종의 학문적 식견이 얼마나 뛰어났는지 잘 알 수 있다. 그는 유교 경전에 통달했고, 그 가운데서도 특히 주역에 밝았다. 주역의 괘가 갖는 정치적 함의를 놓고 신하들과의 벌인 학문 논쟁에서 조금도 밀리는 법이 없었다. 그런 식견이 있었기에 정도전의 의도를 간파할 수 있었을 것이다.

이방원은 이처럼 신유학(성리학)에 정통한 문사였지만 병법과 군사에도 밝았으며, 단호하고도 과감한 행동력으로 상황을 역전시키는 강력한 리더십을 갖춘 인물이었다. 정몽주와 정도전은 이방원에게 존경하는 학자였고, 삼촌으로 부르며 따를 만큼 가까운 존재였다. 그러나 이방원은 새로운 왕조 창건에 걸림돌이 되겠다 싶으면 누구를 막론하고 가차없이 제거했다. 이성계의 반대를 무릅쓰고 정몽주를 제거한 것처럼 창업의 일등공신인 정도전조차도 망설임 없이 제거했다.

실록에는 이방원의 칼 앞에서 정도전이 목숨을 구걸했다지만 평소 정도전의 기개와 성품으로 보건대 사실이 아닐 것이다. 역사는 승자의 기록으로, 당시 명분에서 앞선 정도전을 폄훼하려고 꾸민 이야기일 것이다. 왕조실록은 정사로서 권위를 갖지만 이런 종류의 오류와 모순 그리고 종종 왜곡도 적지 않으니, 실록에 나왔다고 맹신할 것은 아니다.

정도전은 장자방 못지않은 재사였고 맹자의 도를 실현하려던 이상주의자였지만 불행하게도 그의 나라는 이방원의 나라와는 길이 달랐다. 그래서 두 사람은 양립할 수 없는 존재였다. 둘 중 하나는 죽어야 했다. 그 전쟁에서 유리한 위치에 있던, 아니 전쟁은 사실상 끝났다고 여긴 정도전은 한순간 방심했고, 막다른 데까지 몰린 이방원은 그 한순간의 방심을 틈타 일시에 전세를 역전시켰다.

정도전은 자신의 나라를 만드는 데 이방원이 화근이 될 것을 알았지만 손발을 묶는 것만으로 아량을 베푼 것이 결국 패착이 되었다. 이방원은 그런 교훈을 확인시키기라도 하듯 정적을 제거하는 데는 티끌만큼의 여지도 남기지 않았다. 두 사람의 그런 차이가 극적으로 승패를 갈랐다. 이로써 조선은 왕권 강화의 기틀을 마련하게 되었다.

2

왕권 위협의 싹을 미리 자르다

왕자의 난이라는 피바람을 뚫고 보위에 오른 태종은 왕권의 안정을 위해 무엇보다 장자 승계의 전통을 세우고 싶어 세자(양녕대군)의 일탈에도 무한한 인내심을 발휘했지만 결국 그 소망을 접어야 했다. 세자의 악행이 금도를 넘어서자 어쩔 수 없이 셋째 충녕대군으로 세자를 교체한 태종은 사직과 왕권을 반석에 올리고 새로운 세자의 앞길을 터주기 위해 악역을 자처했다.

태종이 자기 손에 피 묻히는 걸 꺼려했다면 세종 치세의 찬란한 문명도 탄생할 수 없었을 것이다. 세자를 충녕대군으로 교체한 지 두 달 만에 전격적으로 왕위를 물려주고 상왕으로 물러앉았다. 태종 18년(1418)의 일이다. 그러나 당분간 군권을 유지하고 중대 사안에 간여하는 사실상의 섭정을 선언했다.

> 주상이 장년이 되기 전에는 군사는 내가 친히 청단(聽斷)할 것이다. 또 나라에서 결단하기 어려운 일은 의정부와 육조로 하여금 의논하게 해 각각 가부를 진달하도록 하고, 나도 마땅히 가부에 한 사람으로서 참여하는 것이 가하다.
>
> _《태종실록》 1418. 12. 22.

이런 조치는 모두 권신과 척신을 제거하고 외척을 도모하는 등 대내외적으로 왕권을 반석에 올려놓겠다는 의지의 표출이었다.

그리고 태종은 선위 직후 그동안 밀렸던 궁궐의 토목공사 마무리를 서둘렀다. 역시 세자가 즉위한 뒤의 짐을 미리 덜어주기 위해서라고 그 이유를 분명히 밝혔다.

> 토목의 역사(役事)는 백성을 괴롭히는 중사(重事)이므로 백성들이 심히 괴롭게 여기는데 속히 영조(營造)하려는 까닭은 다름이 아니라, 요컨대 소민(小民)을 부리는 책임을 나 자신에 당하게 하고, 세자가 즉위한 뒤에는 비록 권토(拳土, 한 줌의 흙) 촌목(寸木, 한 조각의 나무)의 역사라도 백성들에게 더하지 못하게 하여서 깊이 민심을 얻게 하려는 것이다.
>
> _《태종실록》 1418. 7. 5.

옛날에는 토목공사를 크게 일으키면 백성들이 부역에 시달려 그 원성이 하늘을 찔렀다. 이를 잘 알고 있는 태종은 '욕은 내가 다 안고 갈 테니 너는 꽃길만 걸어라'는 아버지의 진심이 담긴 큰 사랑을 왕위를 이은 자식에게 베풀었다.

태종은 세종 치세를 예비하기 위해 통치 환경도 깨끗하게 정리했다. 양녕대군이 세자로 있을 때 짐짓 전위 파동을 일으킨 태종은 처남 민무구를 비롯한 민씨 4형제를 제거했다. 민씨 형제들이 기고만장하여 정치적 야욕을 드러냈기 때문이다.

태종과 민씨 형제들의 관계가 처음부터 나쁘지는 않았다. 태종 5년(1405) 12월에는 장인 민제의 집에서 거하게 잔치를 베풀기도 했다. 원경왕후 민씨를 비롯한 민씨 일족이 모두 참석한 이 자리에서 태종은 말했다.

"내가 어렸을 때 민씨 집안에서 자라나면서 은혜와 사랑을 많이 받았다."

이 말에 민씨 형제들은 환호했다. 이듬해 임금은 민무구에게 우군총제를 제수해 군권을 맡기기까지 했다. 그러나 임금과 민씨 집안 형제들의 밀월은 거기까지였다.

태종 7년(1407) 민무구는 임금에게 세자를 제외한 왕의 아들들은 나무의 곁가지를 정리하듯이 모두 쳐내야 한다고 말했다. 임금이 이유를 묻자 민무구가 답했다.

"세자가 아닌 다른 왕자들 가운데 똑똑한 자가 있으면 난을 일으키기 때문입니다."

안국동에서 가진 이 대화를 통해 임금은 민씨 형제들을 일찌감치 정리하지 않으면 제3, 제4의 왕자의 난을 막을 수 없다는 결론을 내렸다. 그리고 일부러 전위 파동을 일으켰다.

임금이 양녕에게 전위하겠다고 선언하자 조정신료들은 결사적으로 반대했다. 하지만 민무구 형제들은 속으로 쾌재를 불렀다. 그리고 임금이 전위 의사를 철회하자 신하들은 다들 만세를 불렀지만 민씨 형제들만은 '슬픈 기색'을 띠면서 술을 빙자해 임금에게 발광을 부리기도 했다. 임금은 민씨 형제들을 유배지로 보냈다가 모두 사사함으로써 정치적 목적을 달성했다. 처남들을 제거한 이듬해 임금은 교지를 내렸다.

> 대저 제가치국(齊家治國)하는 일로 논하면, 외척으로 하여금 궁중에 가깝게 하는 것이 인군의 원대한 계책은 아니다. 방금 국가가 한가하고 안팎에 근심이 없으니 조금도 의심하고 꺼릴 것은 없으나 그 폐단이 후에 일어날지 어찌 알겠는가? 마땅히 싹이 트기 전에 제어하는 것이 가하다.
>
> _《태종실록》 1411. 윤12. 2.

이후로도 외척의 발호를 좌시하지 않겠다는 단호한 경고 메시지였다. 상왕 태종이 금상 세종의 장인 심온을 제거한 것도 같은 맥락이다. 상왕은 금상이 즉위하자 심온을 영의정에 올리고 중국에 사신으로 보내는 등 예우했다. 하지만 사신으로 출발하던 날에 한양 도성이 심온을 전송하기 위해 나온 수레로 가득 찼다는 보고를 받은 후 그를 제거하려는 결심을 굳힌다.

> 9월(1418년)에 영상 심온이 명나라에 사신으로 갈 때 전별하는 벼슬아치들의 거마가 한양을 덮을 정도로 위세가 당당했다. 심온은 심정의 형이자 세종의 장인이었다. 상왕이 이를 듣고 기뻐하지 않았다.
>
> _이긍익, 《연려실기술》

태종은 세자에게 선위하면서 군사에 관한 일은 자신이 직접 처결하겠다고 했다. 심온 형제들을 비롯한 금상의 외척들에게는 그것이 불만이었다. 병권을 여전히 상왕이 쥐고 있으면 금상의 권한이 크게 위축되겠기에 그래서는 안 된다고 생각했다. 이런 불만들이 주변을 통해 새어나와 시끄러워지자 상왕은 이를 빌미로 심온을 역모의 수괴로 몰아 사사시켰다. 자기 손에 피를 묻히더라도 아들에게는 안정적인 정치 기반을 물려주고 싶었다. 심온 사건이 한창이던 11월, 상왕이 신하들에게 병권에 대한 자신의 의도를 밝혔다.

> 내가 병권을 내놓지 않는 것은 왕위를 마음에 두고 잊지 못하는 것이 아니다. 주상을 위하여 무슨 사고가 있을 경우에 후원하고자 하기 때문이다. 예로부터 지친을 이간시키는 것은 여러 소인의 무리로 말미암음이니, 어찌 크게 징계하여 뒷세상 사람을 경계하지 않으리오.
>
> _《세종실록》 1418. 11. 25

그전에 태종은 왕권을 강화하는 방식으로 정부 운영 형태를 바꿔 신권이 비대해지는 것을 견제했다. 개국 초기 태조 대에는 개국을 주도한 정도전의 입김으로 재상이 육조를 관할하는 의정부서사제가 채택되었다. 태종은 이런 의정부서사제를 파하고 임금이 육조를 직할하는 육조직계제를 세워 왕권을 강화시켰다. 의정부서사제에서는 육조의 책임자인 판서들이 소관 업무를 재상에게 보고하면 재상은 그 보고를 받아 검토하여 재가하고, 임금에게는 형식적으로 재가를 받았다. 그러니 자연 실제 권한이 재상에게 쏠렸다. 육조직계제는 그런 중간 결재 단계를 없애버리고 임금이 직접 육조의 업무를 챙기는 체제여서 재상은 실권이 없는 명예직으로 떨어진다. 이로써 태종은 신권을 주저앉히고 왕권을 크게 강화시켰다.

세자를 교체한 후 태종은 대민접촉 방식도 바꿨다. 양녕이 세자로 있을 때는 궁궐 밖 사람들과의 접촉을 일절 금지했지만, 충녕이 세자가 된 후에는 누구나 자유롭게 세자를 만날 수 있게 했다. 세자궁에 왕명 없이 무단으로 출입한 사복 소윤 권이를 처벌해야 한다는 승정원 관리들의 주장에 대해 태종은 이렇게 답했다.

> 제(양녕대군)가 세자였을 때 혹은 담장을 넘기도 하고 혹은 개구멍으로 나가서 잠행하고 강을 건너가서 몰래 군소배와 불의한 짓을 자행했으나, 내가 능히 가르칠 수가 없었기 때문에 진무소로 하여금 문을 지키고 금란하게 하였다. 지금 세자는 그렇지 아니하고 효우하고 온공하고 학문을 좋아하여 게으르지 않다. 나도 또한 이미 늙었으

니, 세자로 하여금 국사에 참여하여 결단하게 하여서 중한 일을 맡기고자 하는데, 어찌 반드시 전규에 얽매여서 사람의 출입을 금지시키겠느냐? 오로지 너희 대언들만은 항상 좌우에 있으면서도 나의 마음의 취향하는 바를 알지 못하는가? 이제부터 앞으로는 세자를 만나보고자 하는 자가 있거든 비록 초야의 미천한 사람이라도 또한 금지하여 물리치지 말고 들어가 만날 수 있게 하라. 모름지기 세자로 하여금 깊이 인심을 얻게 하는 것도 이것이 나의 뜻이다. 나는 세자를 보호하기를 제와 같이 행하지는 않을 것이다.

_《태종실록》 1418. 6. 21.

그야말로 파격적인 조치였다. 태종은 세자가 신분을 불문하고 백성들과 자유롭게 접촉할 수 있도록 했으며, 그 과정에서 세자가 백성들의 마음을 얻을 수 있게 했다. 악역을 자처한 태종의 결단과 희생, 배려 덕분에 세종은 깨끗한 정치적 유산을 물려받았으며, 그 토대 위에서 자신의 역량을 마음껏 발휘하여 마침내 성군이 되었다. 태종은 세종이라는 찬란한 연꽃을 피워낸 깊은 연못이었다.

3

태종의 유산,
마침내 성군을 낳다

태조부터 순종까지 조선의 스물일곱 임금들 가운데 '성군(聖君)'으로 불릴 만한 임금은 몇 안 된다. 그 가운데서도 한 임금만 꼽으라고 하면 단연 세종임금일 것이다. 그렇다면 세종은 무엇으로 조선 500년 역사에 빛나는 최고의 성군이 되었을까?

물론 그가 남긴 탁월한 업적 때문이겠지만, 그에 앞서 아버지 태종이 왕권의 기반을 안정적으로 다져놓은 것을 빼놓을 수 없다. 태종이 세자를 충녕으로 교체하자마자 더 이상의 소모적인 논란을 잠재우기 위해 전격 선위를 단행한 것만 봐도 왕권 안정을 위해서라면 뭐든 다 하겠다는 의지가 읽힌다. 태종은 상왕으로 물러앉아 세상을 떠나기까지 4년간도 왕권 강화를 위해 궂은일을 마다하지 않았다. 비난을 무릅쓰고 권신들에 대한 피비린내 나는 숙청을 감행했다.

그 덕분에 세종은 소모적인 정쟁에 휘말리지 않고 임금으로서 나라와 백성을 위한 리더십을 마음껏 펼칠 수 있었다. 이런 정치 환경은 선정을 베푸는 선결 조건이자 기본 토대이지만 그 토대 위에 선 임금이 선정을 베풀 의지가 없다면 다 소용없는 것이다. 역시 세종이라는 걸출한 인물이 아니었다면 한 세대에 그처럼 위대한 업적들이 무더기로 쏟아져 나왔을 리 없다.

세종의 업적 가운데서도 한글을 창제한 일은 우리나라를 넘어 세계사적 의미를 지닌다. 세계에서 가장 뛰어난 문자체계라는 한글은 한국인만이 아니라 전체 인류의 문화자산이기 때문이다.

그리고 세종은 집현전을 설치하여 숱한 인재들을 배출하고 학문을 크게 진흥시켰다. 또 과학기술 분야에서도 무수한 업적을 남겼는데, 강수량을 측정하는 측우기를 비롯해서 천문관측기구 혼천의와 간의, 물시계 자격루, 해시계 앙부일구 등을 발명했다.

군사적으로는 4군6진을 개척함으로써 조선의 영토를 확장했으며, 대마도를 정벌하기도 했다. 그리고 아악과 향악을 정비해서 중국에 의존하고 있던 음악을 자주적인 음악으로 바꿨으며, 《향약집성방》과 《농사직설》을 편찬함으로써 우리 실정에 맞는 의학과 농법을 구축했다.

한글 창제 하나만 갖고도 만고의 덕을 덮고도 남을 지경인데 그 밖에도 청사에 길이 빛날 무수한 업적을 남겼으며, 위민(爲民)을 넘어 늘 백성과 고락을 함께하고자 하는 여민(與民)의 덕을 몸소 실천했으니, 그가 성군이 아니라면 누구를 성군이라 하겠는가.

세종이 남긴 숱한 업적은 오늘날의 우리 삶에도 크게 영향을 미치고 있다. 한글을 창제하지 않았다면 한류(韓流)로 상징되는 문화강국 대한민국도 없었을 것이다. 또 시대를 앞선 무수한 과학발명품의 장인정신에 녹아 있는 기술 DNA 덕분에 우리는 IT 강국이 될 수 있었다. 방탄소년단이 빌보드 차트의 정상을 휩쓸고, 봉준호 감독이 한국 영화를 세계 정상의 반열에 올려놓은 것도 우리의 문화체계를 자주적으로 정립한 세종 치세의 성과에 그 뿌리가 닿아 있다.

하지만 우리가 잊지 말아야 할 더 중요한 사실이 있다. 세종이 국가 경영에서 보여준 원칙과 리더십이 바로 그것이다. 당시의 과학 발명품은 이제 박물관의 유물로 남아 있지만 그런 혁신 제품을 만드는 과정에서 세종이 보여준 원칙과 리더십은 우리 정신의 위대한 유산으로 면면히 이어져 오늘날 우리 삶의 현장 곳곳에서 우리를 자극하고 채찍질한다. 그리고 더 나은 미래로 이끈다.

2장

공부의 원칙

세종의 독서열은 즉위 이후에도 조금도 식지 않았다. 여전히 심야에 책을 읽었고, 식사할 때도 좌우에 책을 펼쳐두었다. 가히 공부벌레였고, 독서광이었다. 그야말로 하루라도 책을 읽지 않으면 입안에 가시가 돋는 사람이 바로 세종이었다. 세종의 독서에는 특별한 비결이 없었다. 굳이 들라면 같은 책을 여러 번 반복해서 읽는 것이다. 이런 독서의 힘이 그를 왕위로 밀어 올렸다.

4

세상 그 어떤 조건에도 공부 의지를 꺾지 않다

충녕은 애초에 왕이 될 운명으로 태어나지 않았다. 위로 양녕과 효령이 있으니, 장자 승계 의지가 분명한 부왕 태종의 슬하에서 그가 왕위를 잇는다는 것은 꿈에도 생각할 수 없는 일이었다. 태종은 일찍이 충녕에게 충고했다.

너는 할 일이 없으니, 평안하게 즐기기나 할 뿐이다.

_《태종실록》 1413. 12. 30.

"할 일이 없다"고 못 박은 것은 아예 정치에 관심 끄고 그저 목숨 부지하여 편히 살라는 섬뜩한 경고다. 태종은 왜 둘째 효령에게는 꺼내지 않은 말을 셋째 충녕에게 꺼낸 걸까? 유난히 총명한 충녕이 독서에도 열심이어서 혹 헛된 기대를 품지 않을까 염려한 것이다. 미리 싹을 자르느라 정색하고 경고를 보낸 것이다. 그렇잖아도 태종은 충녕의 독서열을 못마땅하게 여겨오던 참이었다. 세자에게 간절히 바라던 것을 충녕이 하고 앉아 있고, 세자는 날로 더 어긋나서 독서는커녕 방탕한 생활을 일삼고 있기 때문이었다.

조선에서 왕자로 태어난다는 것은, 장자가 아니면 어떤 정치적인 뜻도 품어서는 안 된다는 것을 의미한다. 그래서 조정에 출사하는 것도 금지되었다. 그저 음풍농월에 안빈낙도의 삶을 사는 것 외에는 아무 할 일이 없었다.

그래서 태종은 충녕에게 공부하느라 애쓰지 말고 적당히 즐기면서 살라고 충고한 것이다. 세자는 왕위를 계승해야 하므로 제왕학의 기본인 성리학 공부를 열심히 해야 했지만, 충녕에게는 그런 공부가 별 쓸모가 없었고, 그저 시나 서화 같은 예술이나 바둑이나 가무 같은 신선놀음에 빠져 살면 되었다.

충녕 자신도 제 분수를 잘 알고 있었다. 부왕의 뜻대로 시나 서화를 농하면서 평범한 왕자로 살 생각이었다. 사실 충녕은 학문뿐 아니라 예술 방면에도 뛰어난 재능을 보였다.

> 충녕대군은 서화·화석·금슬 등 모든 유희 애완의 격물을 두루 갖추지 않음이 없었으며, 예기에 정밀하지 않는 바가 없었다. 세자가 충녕대군에게 금슬을 배웠기 때문에 화목하여 틈이 없으니, 임금이 심

히 그 화목한 것을 가상하게 여겼다.

_《태종실록》 1413. 12. 30.

"예기에 정밀했다"는 표현으로 보아 충녕의 예능은 아마추어 수준을 넘어섰다. 특히 음악에는 천부적인 소질을 지녔다. 양녕에게 금슬을 가르친 것으로 보아 악기를 다루는 솜씨는 이미 전문가 수준에 이른 것으로 보인다. 그는 박연이 만든 편경의 소리를 듣고 반음 차이를 짚어낼 정도로 절대음감의 소유자였다.

충녕의 예술적 감각이 탁월한 데는 그가 궁궐에 들어가기 전까지 살았던 삼청동 부근의 지리환경이 적잖이 작용했을 것으로 보인다. 성현은 삼청동을 한양 도성에서 풍광 좋은 곳 가운데 으뜸으로 꼽았다.

한양 도성 안에서 노닐 만한 곳으로는 삼청동이 으뜸이다. 삼청동은 소격서 동쪽에 있는데 계림제에서 북쪽으로 가면 빽빽하게 우거진 소나무 군락 사이로 맑은 샘물이 쏟아져 내려온다. 물줄기를 따라 올라가면 산은 높고 나무들은 울창하며 계곡은 깊고 그윽하다. 조금 더 올라가면 폭포가 있는데 물방울이 구슬처럼 튕기며 흩어져 하얀 무지개를 만들어낸다. 연못 주변의 바위를 끼고 봄가을이면 진달래와 단풍의 붉은 그림자가 물에 비친다.

_성현, 《용재총화》

혈기왕성한 왕자 충녕은 산수가 좋은 동네 인근을 유람하면서 예술적 감각을 키웠을 것이다. 폭포에서 떨어지는 자연의 물소리를 들으면서 음감을 키우고, 울긋불긋한 단풍을 보면서 시와 서화에 대한 문학적 재능을 키웠을 것이다. 태생적 운명이 바뀌지 않고 그저 왕실 종친으로 살았으면 충녕은 조선의 걸출한 예술가가 되고도 남을 사람이었다.

부왕 태종은 위로 형을 넷이나 둔 자신이 피바람을 일으켜 왕위에 오른 비극을 자신의 대에서 끝내고자 하는 열망 때문에 더욱 장자 계승에 목을 맸다. 그런 아버지를 보고 자란 충녕은 셋째로 태어난 운명에 순응하여 어떤 야심도 내보이지 않았다. 그래도 학문에 대한 관심과 열정은 어쩔 수 없어서 학문에 빠져 산 것인데, 그것이 운명을 바꿔놓을 줄은 미처 몰랐다. 큰형의 방탕으로 인해 생각지도 않은 왕위가 자신한테 떨어진 것이다.

충녕은 즉위하자 형들을 지극정성으로 보살폈다. 신료들이 반역의 싹은 미리 잘라야 한다며 양녕대군을 멀리 내치라고, 심지어는 죽이라고 상소했지만 임금은 꿈쩍도 하지 않았다. 오히려 틈틈이 궁궐로 불러들여 융숭하게 대접하면서 형제간의 우애를 돈독히 했다. 효령대군도 임금의 지극한 보살핌 가운데 장수를 누렸다.

5

야간 독서 금지령에도 독서를 멈추지 않다

'잠자는 충녕도 다시 보자.'

태종은 충녕의 마음속에 혹시라도 자랄지 모를 정치적 야심의 싹을 자르기 위해 경계심을 늦추지 않았다. 충녕이 밤을 새워가면서 책을 읽는다는 보고가 잇따르자 태종은 충녕에게 야간 독서 금지령을 내렸다. 명목은 아들이 건강을 해치진 않을까 염려하여 그랬다지만 그게 속마음은 아니었을 것이다. 세자에 비해 자꾸 더 도드라져 보이는 존재감을 경계하고, 또 그런 아비의 심정을 헤아려 자중하기를 바랐을 것이다.

그도 그럴 것이 세자에 대한 소문이 나날이 흉흉해지고 있었다. 양녕은 경학(經學)에는 도통 흥미가 없었고, 문학에만 열띤 관심을 기울였다. 특히 중국에서 들어온 소설에는 직접 서문을 쓸 정도로 열심이었다. 하지만 세자에게 요구되는 것은 그런 잡류(雜流)가 아니라 조선의 통치이념인 유교의 경학 공부였다. 그 시대에는 경학이 아니면 다 잡류로 취급되었다.

양녕과는 달리 충녕은 경학에도 해박했다. 일찍이 사서오경(四書五經)에 통달한 충녕은 그 어렵다는 역경(주역)에도 막힘이 없었다. 태종은 넷째아들 성녕의 병이 깊어지자 주역 점을 치게 했는데, 옆에 있던 충녕이 점괘를 정확하게 풀이해서 주위를 놀라게 했다.

역경(易經), 역전(易傳), 주역(周易)의 명칭은 혼동하기 쉬운데, 정리하면 이렇다. 역경은 점복서(占卜書)로 하(夏)의 《연산(連山)》, 상(商)의 《귀장(歸藏)》, 주(周)의 《주역(周易)》, 이렇게 삼역(三易)을 말한다. 그런데 하와 상의 역은 소실되고 주역만 남아서 역경과 동의어가 되었다. 《역전》은 점복서인 《역경》을 철학적으로 해석한 철학서다. 그러므로 《주역》에는 경과 전이 있는데, 우리가 출처를 '역경'으로 알고 있는 많은 문구가 실은 '역전'에서 온 것이다.

> 성녕대군이 위독했다. 병이 날로 심해져 청성군 정탁이 《주역》으로써 점을 쳐서 임금에게 올리자, 충녕대군이 나아와 이를 풀이하기를 심히 분명하게 하니, 세자가 마음으로 감복하고 좌우 신하들이 모두 감탄하여 칭찬했다.
>
> _《태종실록》 1418. 1. 26.

이 정도 되면 "대체 충녕은 못하는 게 뭐냐"는 말이 나올 법했다. 낭중지추라고, 주머니 속의 송곳은 가만둬도 삐져나오게 마련이다. 당대의 내로라하는 대학자들도 충녕의 학문 성취에 감탄을 금치 못할 정도였다. 세자 교육을 담당하는 세자시강원의 사부들도 날로 출중해가는 충녕의 성취에 반해 날로 심해지는 세자의 방탕을 우려하고 안타까워했다. 임금이라고 이런 분위기를 모를 리 없었다. 임금은 혹시라도 후계구도가 흔들리지 않을까 노심초사하여 여론의 향방에 더욱 민감할 수밖에 없었다. 그래서 충녕의 학문적 성취가 내내 불편했던 것이다.

부왕의 명이라면 죽는 시늉도 할 만큼 순종해온 충녕이지만 독서를 제한하는 명만큼은 따를 수 없었다. 자신의 가장 큰 즐거움을 석연치 않은 이유로 그리 쉽게 빼앗기고 싶지 않았다. 부왕의 명을 거부한 충녕은 오히려 더 열심히 책을 읽었다. 그러다가 진짜 병이 나기도 했다.

세종은 재위하는 내내 크고 작은 질병에 시달렸는데 특히 눈병이 심했다. 시력이 나빠져서 말년에는 거의 장님이나 마찬가지였다. 세종실록에는 "내가 근일에 이르러 지척지간의 사람이나 사물조차 분간하지 못한다"며 안타까워하는 장면이 나오는데, 왕자 시절부터 몸에 밴 야간 독서 습관이 시력을 더욱 악화시킨 것으로 보인다.

세종의 독서열은 즉위 이후에도 조금도 식지 않았다. 여전히 심야에 책을 읽었고, 식사할 때도 좌우에 책을 펼쳐두었다. 가히 공부벌레였고, 독서광이었다. 그야말로 하루라도 책을 읽지 않으면 입안에 가시가 돋는 사람이 바로 세종이었다.

세종의 독서에는 특별한 비결이 없었다. 굳이 들라면 같은 책을 여러 번 반복해서 읽는 것이다.

이런 독서의 힘이 그를 왕위로 밀어 올렸다. 장자 양녕이 세자에서 쫓겨났지만 셋째 충녕이 평범했다면 국본(國本)의 자리는 순리대로 양녕의 아들 아니면 둘째 효령에게 돌아갔을 것이다. 순리를 거스를 만큼 충녕의 학문은 조정의 신망을 채우고도 넘쳤다. 세자를 바꿔 세울 때 조신들이 내세운 명분 역시 택현(擇賢)이었다. 현명한 사람을 선택해야 한다는 것이다. 임금이 먼저 호명하기 전까지는 누구도 감히 그 이름을 입에 올리지 못했지만 택현이라면 당연히 충녕을 의미한다는 사실을 모르는 사람은 아무도 없었다.

> 우의정 한상경 이하의 군신(群臣)은 모두 제(禔, 양녕)의 아들을 세우는 것이 가(可)하다고 했으나, 좌의정 박은(朴訔)이 아뢰었다. "아비를 폐하고 아들을 세우는 것이 고제(古制)에 있다면 가(可)합니다만, 없다면 어진 사람을 골라야 합니다." 이에 영의정 유정현이 아뢰었다. "신은 배우지 못하여 고사(故事)를 알지 못합니다. 그러나 일에는 권도(權道)와 상경(常經)이 있으니, 어진 사람을 고르는 것[擇賢]이 마땅합니다." 그러자 조연, 김구덕, 심온, 김점, 유은지, 이춘생, 최운, 문계종, 이배, 윤유충, 이적, 이원항, 이발, 정상, 허규 등이 일제히 엎드려 재청했다. "어진 사람을 고르소서."
>
> _《태종실록》 1418. 6. 3.

이 기사를 가만 보면, 우의정 이하 조신들이 세손을 거론하자 좌의정은 "그런 전례가 있다면"이라는 조건을 들지만 이미 그런 전례가 있음을 알고 교묘하게 양다리를 걸친다. 말 한마디에 목숨이 왔다 갔다 하는 순간이니 다들 어정쩡한 말로 얼버무리는 것이다. 그러자 영의정은 그런 전례가 있든 없든 상관없이 지금은 '권도'에 따라야 한다며, 택현을 주장한다.

여기서 권도(權道)는 임시방편(편법)을 뜻하고, 상경(常經)은 마땅한 도리(원리원칙)를 뜻한다. 그러니까 권도는 택현하는 것이고, 상경은 폐세자의 아들로 세손을 세우는 것이다. 하지만 지금은 권도로써 상황을 정리해야 마땅하다는 것이 영의정 유정현 이하 조신들의 중론이다.

6

같은 책을 천 번이 넘도록 읽다

신료들의 성화에 더 이상 물러날 데가 없다고 판단한 태종은 1418년 6월 양녕을 세자에서 폐하고 그 자리에 충녕을 세웠다. 국본(國本)을 바꾼 것이다.

세자가 된 충녕이 여전히 야간 독서 금지령을 어기고 더욱 독서에 몰두하자 태종은 초강수를 둔다. 세자의 거처에 있는 책을 모두 수거해 오도록 한 것이다. 이번에는 순전히 아들의 건강을 염려한 조치였다.

태종의 명을 받은 내시들이 세자의 거처에 가득한 책을 싹 쓸어갔다. 한바탕 회오리가 몰아치고 나서 보니 병풍 뒤에 숨겨진 책 한 권이 살아남았다. 세자는 친한 벗을 본 듯 반가운 마음에 안도의 한숨을 내쉬었다. 그 책이 바로 《구소수간(歐蘇手簡)》으로, 중국 송나라의 문인 구양수(歐陽脩)와 소동파(蘇東坡)가 주고받은 편지를 묶은 것이다.

조선 후기 실학자 이긍익은 《연려실기술》에서 세자가 이 책을 무려 1,100번이나 읽었다고 전한다. 달리 읽을 책이 없으니 이 한 권이나마 무수히 읽는 것으로 갈증을 달랜 것이다. 물론 독서백편의자현(讀書百遍義自見)이라고, 세종의 평소 독서법이 한 권의 책을 여러 번 반복해서 읽어 문리를 터득하는 것이기는 하지만 이 정도는 아니었다. 많기로는 30여 번, 대개는 20여 번을 읽었다.

> 정사를 보고 경연에 나아갔다. 《통감강목》을 강독한 끝에 임금이 동지경연사 윤회에게 이르기를, "진서산이 말하기를, '《통감강목》은 권질이 많아서, 임금은 다 보기가 쉽지 않다' 하더니, 내가 경자년부터 강독을 시작하여 지금까지 이르렀는데, 그 사이에 혹은 30여 번을 읽은 것도 있고, 혹은 20여 번을 읽은 것도 있기는 하나, 참으로 다 보기는 어려운 책이라"고 하였다.
>
> _《세종실록》 1423. 12. 23.

《통감강목》은 중국 남송의 주희가 사마광의 《자치통감》을 비롯한 여러 역사서를 성리학의 기본 이념에 맞춰서 새롭게 편집한 역사책으로, 전체 50권이다. 이 50권의 역사책을 세종은 20~30번을 반복해서 읽은 것이다. 이러니 어떤 신하의 식견이 임금을 능가할 수 있겠는가. 당시에 임금의 이 발언을 들은 신하들의 아연했을 표정이 눈에 선하다. 위 기사 말미에 붙인 사관의 평이 임금의 명민함을 웅변한다.

> 임금이 특히 서적만을 한번 보고 문득 기억하시는 것만이 아니라, 무릇 수많은 신하들의 성명, 내력, 세계 등을 비록 미세한 것이라도 한번 들으시면 잊지 않으셨으며, 한번 그 얼굴을 보시면 비록 여러 해를 만나 보시지 못했더라도 다시 보실 때에 반드시 아무라고 성명을 부르셨으며, 사물의 정밀하고, 소략하고, 아름답고, 추악한 것에 이르러서도 한번 눈에 접하시면 반드시 그 호리의 차를 정밀히 분변하셨고, 성음의 청탁과 고하도 한번 귀에 들어가면 그 윤리를 심찰하시었으니, 그 총명과 예지가 이와 같으시었다.
>
> _《세종실록》 1423. 12. 23.

사관의 평이 찬란하여 혹 과장하여 아첨하는 말이 아닌가 생각할 수도 있지만 임금이 당대의 사초는 볼 수 없도록 엄히 규정되어 있어서 사관이 굳이 아첨할 이유는 없다. 설령 볼 수 있다 해도, 금상이 아첨하는 신하를 가장 경계하고 멀리했으니 그걸 모를 리 없는 사관이 제 발등을 찍을 리는 없을 터였다.

세종은 조신들의 답변이 과장되거나 아부하는 면이 지나치면 반드시 지적하고 넘어갔다. 지방관들의 보고서 내용이 일의 본질과 무관하게 임금의 덕을 칭송하는 미사여구로 가득할 경우에도 주의를 주었다.

1437년 5월, 경기도 관찰사가 도내에서 보리 한 줄기에 이삭이 네 개나 열린다는 보고서를 올렸다. 관찰사는 사실 보고에 덧붙여 "신령스러운 일이 발생한 것은 바로 육부와 삼사가 잘 다스려졌기 때문이니 상서로운 일을 경축하는 행사를 열자"고 제안했다. 세종은 기쁜 일이니 보리 종자를 개량하여 널리 보급하되 과장된 아부는 삼가라며 경고했다.

> 이처럼 아름다움을 과장하는 일은 내가 심히 부끄럽게 여긴다.
>
> _《세종실록》 1437. 5. 8.

사냥을 하던 도중 흰 꿩이 나타나자 신하들이 상서로운 일이라며 축하의 노래를 지어 올리려 했을 때도 세종은 상서로운 물건은 단지 요행일 뿐이며 임금의 덕에 대한 하늘의 감응이 아니라며 손을 내저었다. 세종은 임금이 달콤한 말에 귀를 기울이는 순간 조직이 위기에 빠진다는 생각으로 아첨을 원천적으로 차단했다. 《용비어천가》를 편찬할 때 조신들이 금상의 재위 중 업적도 포함시키자고 했지만 세종은 이렇게 말하며 단호하게 거절했다.

"당대의 일을 가지고 찬송하게 할 수 없다. 뒷세상에서 평가하여 노래하게 하자."

7

근본부터 충실하게 다지다

세종은 사고의 넓이와 깊이를 더하는 데 가장 중요한 학문을 철학과 역사로 여겼다. 조선에서 철학이라면 경학 곧 성리학이었다. 세종은 유교의 기본이자 핵심 교재인 4서(논어, 맹자, 중용, 대학)와 5경(시경, 서경, 역경, 춘추, 예기)에 달통했다. 당대의 석학으로 이름 높은 변계량, 이내와 같은 대학자들조차도 혀를 내두를 정도로 세종의 학문은 높은 경지에 올랐다. 특히 주역에 해박한 것은 천문과 지리에도 전문가의 조예를 더하게 했다.

충녕대군이 배우기를 좋아하니 빈객 변계량, 이내 등이 마음으로 시기하여 여러 번 서연에서 충녕대군을 칭찬하여 세자를 격려했다. 변계량이 매양 대군의 시관에게 읽는 것이 무슨 글인가 하고 물어서, 아무 글을 읽는다고 대답하면 반드시 칭찬하고 탄미했다.

_《태종실록》 1416. 9. 7.

일찍이 성리학의 대가가 되었지만 세종은 오히려 성리학 공부에만 치우치는 당대 선비들의 학문 풍토에 불만을 제기했다. 구체적인 현실과 동떨어진 공부는 관념에 치우쳐서 공허해질 수 있다는 생각이었다. 그래서 성리학과 함께 역사를 공부해야 한다고 강조했다. 세종 23년(1441) 6월 28일, 임금은 정인지를 불러 일렀다.

"무릇 정치를 하려면 반드시 전대 치란의 자취를 보아야 하고, 그 자취를 보려면 오직 사적을 상고해야 한다."

세종은 이처럼 역사를 중시했다. 그래서 경연에서도 무엇보다 역사 공부에 많은 시간을 할애했다. 경연의 첫 교재로 《대학연의》를 선택한 것도 같은 맥락이다. 《대학》은 순전히 성리학을 궁구하는 철학서지만, 송의 유학자 진덕수가 편찬한 《대학연의》는 거기에 역사 사실을 풍부하게 곁들여 역사에 비중을 둔 역사철학서다.

조신들은 역사 공부에 부정적이었다. 오로지 성리학만이 정통 학문일 뿐 역사는 그저 곁가지에 지나지 않다고 여겼다. 집현전 학사들에게 역사책을 읽게 하려는 임금의 방침에 조신들은 반대했다. 그러자 임금은 통렬히 반박했다.

내가 경연에서 《좌전》, 《사기》, 《한서》, 《강목》, 《송감》에 기록된 옛일을 물으니, 다 모른다고 말했다. 만약 한 사람에게 읽게 한다면 고루 볼 수 없을 것이 분명하다. 지금의 선비들은 말로는 경학을 한다고 하나, 이치를 궁극히 밝히고 마음을 바르게 한 인사가 있다는 것을 아직 듣지 못하였다.

_《세종실록》1425. 11. 29.

임금이 사마광의 《자치통감》을 경연 교재로 삼으려 하자 조신들은 권수가 너무 많다며 반대했다. 그러자 절충안으로 《자치통감강목》을 교재로 삼았다. 294권으로 된 《자치통감》을 59권으로 압축한 요약본이다. 공부를 하면서 미진함을 느낀 임금은 집현전 학사들에게 명해 《자치통감》에 주석을 단 《통감훈의》를 편찬하도록 했다. 임금은 이 통감 주석서의 모든 구절을 몸소 손볼 정도로 역사의 무게를 중하게 여겼다.

사마광은 《자치통감》에서 군주가 반드시 갖춰야 할 덕목 네 가지를 강조했다. 첫째는 아랫사람들이 기꺼이 따르게 하는 힘을 갖출 것, 둘째는 정확하게 일을 맡기고 적재적소에 인재를 배치할 것, 셋째는 인재에게 일을 맡겼으면 간섭하지 말 것, 넷째는 군주의 권위를 내려놓고 한없이 겸손할 것. 세종은 《자치통감》, 《통감강목》 등의 역사서를 수십 번 반복해서 읽으면서 군주로서의 리더십과 용인술 그리고 원칙과 자세를 배웠다.

1422년, 태종이 상왕으로 물러난 지 4년 만에 서거하자 친정에 나선 임금은 본격적으로 역사 공부에 돌입했다. 세종 7년(1425)

11월 29일, 임금은 대제학 변계량에게 명해 경연에서 역사 강독을 맡을 인재를 뽑아 올리게 했다. 이때 선발된 인물이 집현전 학자 정인지와 설순, 인동(구미) 현감으로 있던 김빈 등 세 명이었다. 지방관 김빈에게 집현전 수찬을 제수해 조정에 나오도록 하는 파격 인사를 단행했다. 품계도 종6품에서 정6품으로 승차했거니와 오지의 하급 지방관과 임금이 애지중지하는 집현전 학사의 차이는 하늘과 땅이었다. 그러자 집현전 학자들 사이에는 역사 공부 바람이 불었다. 집현전 출신의 서거정은《필원잡기》에서 세종이 역사서인《좌전》과《초사》를 백 번도 더 읽었다고 했다. 임금이 역사 공부에 힘을 쏟고 역사에 해박한 사람을 우대하니 자연스럽게 조신들 사이에서도 역사 공부 열풍이 분 것이다.

임금은 성리학과 역사 외에도 문학의 중요성도 강조했다. 세종 12년(1430) 5월, 경연 검토관이 된 권채는 권근의 조카로 장래가 촉망되는 선비였다. 태종 말년 변계량이 권채로 하여금《대학》과《중용》의 주해를 전담하게 하자고 건의할 정도로 권채는 경학에 조예가 깊었다. 이때 임금이 권채에게 물었다.

"《대학》과《중용》에 어느 정도 익숙해졌느냐?"

학문의 기초이자 뼈대인 철학 공부가 어느 정도 되었는지 물은 것이다. 그러자 권채는 겸손하게 답했다.

"《대학》과《중용》은 변계량의 말을 좇아서 3년 동안 읽었고, 지난해 봄부터는《논어》,《맹자》와 더불어 오경을 읽었습니다. 그러나 신은 본래 성품이 날래지 못해 학문이 정숙하지 못합니다."

철학의 토대인 경서는 어느 정도 공부가 되었지만 다른 공부는 부족하다는 답이었다. 그러자 임금이 일렀다.

"《두시》 같은 것은 풍월을 읊조리는 것으로 유자의 기초는 아니다. 그러나 공부에 깊이를 더하기 위해서는 읽지 않을 수 없다. 공부에 더욱 힘써서 두보의 시와 한유, 유종원 등의 책도 부지런히 읽어두어야 할 것이다."

사색에 깊이를 더하고 학문의 완성도를 높이려면 문학도 공부해야 한다는 의미다. 두보와 한유, 유종원은 모두 당나라 문인으로, 그들 작품에는 우국충정의 기개가 넘쳤다. 임금은 학문적 깊이에 더해 국가에 대한 충성심을 키우려면 문학 공부에 소홀하지 말아야 한다고 생각했다.

4차 산업혁명시대의 시대정신은 융·복합이다. 사물인터넷(IoT), 인공지능, 빅데이터, 양자컴퓨터 등 4차 산업혁명시대를 대표하는 기술들이 산업간 경계를 무너뜨리고, 가상과 현실을 하나로 통합하고 있다.

지금으로 치면 세종은 대표적인 융·복합형 지식인이자 리더다. 600년 전의 인물을 현재로 소환하여 살피는 까닭도 바로 여기에 있다.

세종은 역사와 철학 같은 인문학뿐 아니라 수학과 천체물리학, 지리학, 역학, 의학, 군사학, 음악 등의 다양한 전문 분야에 두루 뛰어났다. 유교를 기본 통치이념으로 삼은 조선의 임금이었지만 도교, 불교, 풍수지리학과 같은 비주류 사상도 배척하지 않고 오히려 탐구 대상으로 삼았다. 주자소(조선의 출판 담당 기구)에 명해《장자》를 인쇄하여 배포하는가 하면, 풍수지리를 이단으로 몰아 천시하던 조신들에게 학문 차원에서 연구가 필요하다는 점을 역설하기도 했다.

> 승정원에 전지하기를, "역대의 거룩한 임금을 보건대 통하지 않음이 없었다. 그러므로 천문 지리까지도 이치를 모르는 것이 없었고, 도읍을 건설하고 능 자리를 정하는 데에 모두 술수 전문가의 말을 채용해 왔다. 장차 집현전의 유신들을 데리고 풍수의 이치를 날마다 강론하겠으니, 지리에 밝은 자를 널리 선택하여서 보고하게 하라" 하니, 지신사 안숭선 등이 아뢰기를, "경연은 오로지 성현의 학문을 강론하고 구명하여 정치 실시의 근원을 밝히는 곳이온데, 풍수학은 잡된 술수 중에서도 가장 황당하고 난잡한 것이오니, 강론에 참예시킴이 옳지 못하옵니다" 하매, 임금이 말하기를, "비록 그러하더라도 그 근원을 캐 보아야 하겠다"고 했다.
>
> _《세종실록》1433. 7. 7.

임금이 풍수지리를 경연의 정식 교과목으로 채택해 공부하겠다는 방침을 밝히자 도승지 안숭선을 비롯한 조신들이 기겁했다. 이들은 풍수학이 잡학 중에서도 가장 황당하고 난잡한 것이라며 강론 채택에 반대했다. 하지만 임금은 풍수지리도 학문 차원에서 연구가 필요하다며 소신을 꺾지 않았다.

8

궁금한 것을 그냥 넘기지 않다

4차 산업혁명은 패러다임 혁명이다. 거대한 변화를 이끄는 힘의 원천은 의외로 단순하다. 바로 인간의 호기심이다. 인간의 영혼과 뇌, 의식과 감정에 대한 생물학적 호기심이 나노과학과 생명공학, 인공지능을 탄생시켰다. 궁금한 것이 있으면 결코 그냥 넘어가는 법이 없는 호기심이 패러다임을 바꾼 것이다.

세종은 성리학의 나라 조선의 패러다임에서 벗어난 인물이다. 성리학을 통치이념으로 삼은 기성질서를 의심하고 뒤흔드는 데서 나아가 그 시대를 멀리 벗어난, 어쩌면 근대적 인식의 실마리를 보여준 조선 최초의 인간이었다. 그에게는 절대적이거나 맹목적인 것은 아무것도 없었다. 아마 폭넓은 독서와 다양한 관심이 그를 전인적

인간으로 이끌었지 싶다. 그래서 금기시되던 주자 비판도 서슴없었다. 주자의 사상이라도 의심할 만한 것은 의심해야 한다고 말했다.

> 주자는 진실로 후세 사람으로서 논의할 대상이 아니다. 하지만 그가 잘못을 바로잡은 말에, 또 그 자신이 한 말에도 역시 의심스러운 곳이 있다. 비록 주자의 말이라 할지라도 다 믿을 수는 없다.
>
> _《세종실록》 1437. 10. 23.

임금이라도 성인의 반열에서 성리학의 교주로 군림하는 주자 앞에서는 한낱 신도일 뿐이었다. 감히 주자를 비판한다는 것은 불경이었고 반역이었다. 그래서 사문난적(斯文亂賊)이라는 살벌한 말이 나온 것이다. 그래도 세종의 치세는 조선 전기였기 망정이지, 만약 세종이 조선 중기 이후의 임금이었다면 주자의 추종자들이 일제히 들고 일어나 임금을 사문난적으로 몰아 탄핵했을 수도 있다.

세종은 주자에 관한 일이라도 조신들에게 거리낌없이 소신을 밝혔다. 조신들도 그런 임금을 차츰 담담하게 받아들였다. 이렇게 되고 보니 놀라운 것은 임금이 아니라 조신들이다. 승지 권채는 "주자의 제자 요씨도 가끔 주자의 이론을 반박하기도 했다"며 임금의 말에 맞장구를 쳤다. 세종 19년이면 임금의 국정 철학이 농익을 때였고, 조신들도 임금의 별난 언행에 익숙해질 때여서 이런 반응이 놀랍지만은 않다. 이처럼 세종은 기존의 질서와 학문체계를 끊임없이 의심했고, 이 의심을 해소하기 위해 질문을 던졌다. 의심이 가거나 궁금한 것이 있으면 그냥 지나치는 법이 없었다.

"인간이 지닌 최고의 탁월함은 자기 자신과 타인에게 질문하는 능력이다."

소크라테스의 말처럼 질문은 사유를 깊게 한다. 《논어》도 "절실하게 묻고 깊이 생각하는 것(切問近思)이 학문의 출발점"임을 명시한다. 뉴턴이 머리 위로 사과가 떨어지는 것을 무심코 보아 넘기고 말았다면 물리학의 역사가 달라졌을 것이다.

1944년 노벨 물리학상을 받은 아이작 라비는 자신을 과학자로 키운 원동력은 질문에 있다고 말했다. 라비의 어머니는 어린 시절 라비가 학교에서 돌아오면 늘 이렇게 물었다고 한다.

"오늘은 학교에서 무슨 좋은 질문을 했니?"

세종은 명령하기보다 질문하는 임금이었다. 경연이고 어전회의고 간에 임금은 조신들에게 끊임없이 물었다. "경의 생각은 어떠하오?" "과인이 보기에는 이런데 경들은 어떻게 생각하시오?" "그대들의 생각을 말해보시오." 세종실록에는 이런 문장이 수도 없이 등장한다. 임금의 질문은 자연스럽게 토론으로 이어지고, 토론 가운데 모아진 중지에 따라 정책 방향이 결정되었다.

토론 문화가 처음부터 활발하지는 않았다. 즉위 초기에는 조신들이 토론을 기피했다. 임금은 답답한 심경을 토로했다.

벌써 한겨울인데도 날씨가 너무 따뜻하여 내년 농사가 심히 걱정된다. 어제는 안개가 짙게 끼어 한 치 앞을 내다볼 수 없을 지경이었다.

장차 큰 재앙이 올 징조가 아닌가 싶다. 요즘 경들은 내 앞에서 도무지 쟁간(爭諫)하지 않는다. 과인이 의견을 물으면, 한 사람이 옳다고 하면 다 옳다고 하고, 한 사람이 그르다고 하면 다 그르다고 하여, 어느 누구도 자기 의견을 제대로 말하지 않는다.

_《세종실록》 1425. 12. 8.

조신들이 토론을 기피한 것은 태종 치세의 정치 상황과 무관하지 않다. 권력투쟁이 칼날 위를 걷는 듯 아슬아슬한 상황에서는 괜히 나섰다가는 칼날에 베이기 십상이어서 조신들 사이에는 적당주의와 보신주의가 팽배했다.

새 임금이 친정을 행하고 수년이 지나면서부터 이런 분위기는 서서히 바뀌었다. 임금의 진심을 확인한 조신들은 임금에게 자기 의견을 적극적으로 개진하기 시작했다. 주제 하나를 두고 스무 명이 넘는 조신이 발언하는가 하면, 분위기가 과열되어 격론이 벌어지기도 했다.

세종은 과거시험장에 나온 유생들에게도 직접 질문을 던졌다. "아첨하는 신하를 골라내고 어진 신하를 등용할 수 있는 방안이 무엇이라고 생각하는가?" "흉년이 들었을 때 적절한 조세 감면 방안에는 어떤 것들이 있다고 보는가?"

임금의 질문에 구체적이고 현실적인 아이디어를 적어낸 응시생은 관리로 발탁되었으며, 그들이 낸 아이디어는 곧바로 국정에 반영되었다.

9

구체적으로 질문해서 대안을 끌어내다

좋은 질문을 하려면 문제에 대한 전문지식과 논리적 사고력, 통찰력을 갖춰야 한다. 이런 조건들을 갖추지 못하면 질문은 겉돌아 핵심을 찌르지 못하거나 방향을 잃기 십상이다.

단순한 문답 수준의 질문은 지식으로서는 무의미하다. "한양까지는 며칠이나 걸릴까?" "개똥이 아버지는 뭐하는 사람이냐?" "어제 운종가에 가서 뭐하고 놀았는가?" 하는 따위의 질문 말이다. 미국의 철학자 윌리엄 제임스도 더 깊은 곳을 파헤치는 질문의 힘을 말했다.

"나는 무언가를 철저하게 이해하고 싶을 때마다 질문을 한다. 질문은 단순한 말보다 더 깊은 곳까지 파헤친다. 말보다 열 배쯤 더 많은 생각을 이끌어낸다."

세종은 좋은 질문자였다. 그는 폭넓은 독서를 통해 전문지식과 논리적 사고력, 사안의 핵심을 꿰뚫어보는 통찰력을 지녔다.

세종 22년(1440), 제주도 안무사 최해산이 임금에게 다급한 장계를 올렸다. 안무사(按撫使)란 지방에 변란이 발생했을 때 왕명을 받아 백성들을 위무하는 일을 맡은 관리를 말한다. 안무사는 장계로 용이 나타난 일을 고한 것이다.

"정의현에서 다섯 마리의 용이 한꺼번에 하늘로 올라갔습니다. 그런데 한 마리의 용이 도로 수풀 사이에 떨어져 오랫동안 빙빙 돌다가 뒤에 승천했습니다."

장계를 받은 임금은 깜짝 놀랐다. 상상의 동물인 용이, 그것도 다섯 마리나 승천했다는 건 예삿일이 아니다. 임금은 안무사에게 더 자세히 보고하라며, 이렇게 물었다.

> 용의 크고 작음과 모양과 빛깔과 다섯 마리 용의 형체를 분명히 살펴보았는가? 그 용의 전체 모양을 보았는가? 머리나 꼬리 혹은 허리와 같은 신체의 일부만 보았는가? 용이 승천할 때에 구름의 기운이나 천둥 번개가 있었는가? 용이 처음에 뛰쳐나온 곳이 물속인가, 수풀 사이인가, 들판인가? 하늘로 올라간 곳이 사람 사는 인가에서 얼마나 떨어졌는가? 구경하던 사람이 있던 곳과는 거리가 얼마나 되는가? 용 한 마리가 빙빙 돈 것이 오래 되었는가, 잠깐이었는가? 용이 이처럼 하늘로 올라간 적이 그 전후에 또 있었는가? 용이 승천하는

것을 목격한 사람은 누구누구인가? 그들이 목격한 구체적인 장소와 시간은 어떻게 되는가? 과인의 이 모든 질문에 대해 구체적으로 보고서를 작성해 아뢰도록 하라.

_《세종실록》 1440. 1. 30.

임금의 질문은 현미경처럼 구체적이고 구조화되어 있다. 이런 질문은 맥락에 맞는 답변을 자연스럽게 유도한다. 안무사는 임금이 주문한 육하원칙에 맞게 사실관계를 조사하여 다시 장계를 올렸다.

"시골 노인에게 물으니, 지나간 병진년 8월에 다섯 마리 용이 바다 속에서 솟아올라와 네 마리의 용이 하늘로 올라간 것은 맞습니다. 그런데 구름 안개가 자욱하여 그 머리는 보지 못했다고 합니다. 한 마리의 용은 해변에 떨어져 금물두에서 농목악까지 뭍으로 갔는데, 비바람이 거세게 일더니 역시 하늘로 올라갔다고 합니다. 그 외에는 전후에 용의 형체를 본 사람이 없습니다."

임금은 두 번째 보고서를 근거로 용이 아니라 구름과 같은 자연현상으로 결론짓고, 이를 백성들에게 잘 전해 민심을 안정시키라고 일렀다.

만약 임금의 질문이 두루뭉술했다면 안무사의 대답 역시 그랬을 것이다. 임금은 비구름, 천둥번개와 같은 자연현상이 발생하는 이치에 훤했을 뿐만 아니라 동식물의 습성에 대한 전문지식까지 갖췄다. 그래서 좋은 질문을 할 수 있었다. 게다가 문제의 근본 원인을 정확하게 진단하고 신속하게 대처했다. 임금의 좋은 질문이 아니었다면 백성들은 용의 승천을 믿고 어떤 엄청난 변괴가 일어나지는 않을까 불안에 떨었을 것이다.

세종은 문제의 해답을 찾기 위해 명령의 대부분을 질문으로 채웠다. "질문으로 파고든 사람은 이미 그 문제의 해답을 반쯤 얻은 것과 같다." 베이컨의 말처럼 세종의 질문에는 이미 답이 반쯤 들어 있었다. 용이 승천할 당시 구름이나 천둥 번개와 같은 것이 있었는지, 용이 물속에서 솟아올랐는지 아니면 숲이나 들판에서 솟아올랐는지를 묻는 질문은 그것이 자연현상일 가능성이 높다는 합리적 추론을 염두에 둔 것이었다.

세종의 질문하는 습관은 사실관계를 깊이 살피는 과학적 탐구 정신으로 연결되었으며, 나아가 측우기를 비롯한 과학 발명으로 이어졌다. 세종은 과학으로 어떻게 흉흉한 민심을 잠재울 수 있었는지, 조신들에게 좋은 사례를 소개한다.

> 자연의 이변에 대해 깊이 생각하고 꼼꼼하게 따지는 것은 재난으로 인해 나라가 흔들리는 걸 막기 위해서다. 가벼운 물건은 바람을 따라 수십 리 날아가기도 한다. 하물며 송화(松花)같이 가벼운 것은 어떻겠는가? 황우(黃雨)가 내려 세간의 민심이 흉흉할 때 세자가 구리로 그릇을 만들어 빗물을 조사해 보았더니 그 성분이 송화였다. 정밀하지 않은 세간의 말로 나라가 흔들려서야 되겠는가?

_《세종실록》 1441. 4. 29.

짙은 황토색 비가 도성에 내리자 백성들은 나라가 망할 불길한 징조라며 쑥덕거렸다. 이때 세자(문종)는 구리로 만든 그릇에 담긴 빗물을 살펴서 그것이 송화임을 밝혀냈다. 측우기는 흔히 장영실의 발명으로 알려져 있지만, 이 기록으로 보면 문종이 세자 시절에 처음 고안하여 만들었다고도 짐작할 수 있다. 장영실은 이 측우기를 바탕으로 더 정밀한 측우기를 만들었을 것으로 보는데, 그것이 우리가 오늘날 보는 측우기다.

그러나 측우기는 어느 한 개인의 발명이라기보다 호조의 요청으로 서운관에서 제작한 것이라고 보는 것이, 더 타당하지 않을까 생각한다.

> 호조(戶曹)에서 아뢰기를, 각 도 감사(監司)가 강우량을 보고하는 법이 있으나, 땅이 말랐을 때와 젖어 있을 때에 따라 땅속에 스며드는 빗물의 깊이가 같지 않아 그것을 헤아리기 어려우니 청컨대, 서운관에서 대를 만들고 깊이 2자(尺) 지름 8치(寸)의 철기(鐵器)를 주조하여 대 위에 놓고 빗물을 받아 본관원(本觀員)에게 그 깊이를 재어서 보고하게 하고… 또한 외방(外方) 각 관에서는 경중(京中) 주기(鑄器)의 보기에 따라 자기(磁器)나 와기(瓦器)를 써서 객사의 뜰에 놓아두고 수령이 물의 길이를 재어서 감사에게 보고하게 하여 감사가 전문(傳聞)하도록 하소서 하니, 그에 따랐다.
>
> _《세종실록》 1441. 8. 18.

10

독서의 힘으로 운명을 바꾸다

충녕은 독서와 질문의 힘을 통해 조선 최고의 지식으로 거듭났으며, 그리하여 마침내 자신의 운명을 바꾸었다.

세자 양녕의 방탕이 날로 심해지자 조신들 사이에서는 세자 교체론이 본격적으로 거론되었다. 임금이 세자를 불러 타일러도 보고 혼을 내기도 했지만 별무효과였다. 세자는 여자 문제로 빈번히 말썽을 일으키곤 했는데, 특히 전 중추부사 곽선의 첩 어리를 보쌈하다시피 해서 궁궐로 데려와 간통한 일로 격노한 임금은 세자를 김한로(세자의 장인)의 집으로 쫓아냈다. 이에 반성문까지 바쳐서 임금의 노여움을 겨우 누그러뜨린 끝에 환궁한 세자는 다시 어리를 불러들여 아예 살림을 차리고 아이까지 낳았다. 이에 더욱 격노한 임금은 세자를 출궁시키고 알현을 금지하는 한편 사건에 연루된 그 장인의 벼슬을 거두고 경기도 안성에 부처했다. 부처(付處)는 연금(軟禁)과 같은 형벌로, 거주와 이동에 제한을 가하는 것이다. 이런 과정에서 세자의 엽색행각에 관련된 측근들 여럿이 참수되었다.

그런데 임금의 조치에 세자가 서찰을 통해 항명하는 사태가 벌어졌다. 부왕부터가 많은 후궁을 들였는데, 세자인 자신은 왜 어리 하나조차도 안 되느냐고 항변한 것이다. 한고조 유방도 재물을 탐하고 주색을 즐겼지만 종국에는 대업을 이루었듯이 엽색한다고 해서 나라를 꼭 망치는 것도 아니지 않느냐는 고사까지 덧붙였다. 그리고 장인 김한로는 그저 사위를 위한 일을 했을 뿐인데 이를 처벌하니 부당하다는 비판까지 서슴지 않았다.

태종은 지금껏 웬만한 말썽은 저러다 말겠지 하면서 넘겼고, 어리 일만 해도 분노 뒤에는 측은한 마음이 있었지만 항명사태 이후에는 한 가닥 미련마저 버렸다. 역린을 건드려서는 세자라도 용서할 수 없었다. 임금은 마침내 세자 폐위라는 최후의 칼을 빼들었다.

장자 승계의 순리로 보면, 세자의 다섯 살 난 아들이 세손으로 뒤를 잇는 것이 당연하다. 원경왕후도 이 안을 적극 지지했다. 왕후가 워낙 강하게 주장하자 임금도 그쪽으로 기울었지만 조신들이 강경하게 반대하고 나섰다. 겨우 다섯 살짜리를 국본에 앉히면 왕실의 안정을 기할 수 없다는 논리였다. 그렇다면 다음 순위는 당연히 효령이었다. 하지만 임금은 효령을 탐탁지 않아 했다. 군왕의 자질이 전혀 없다는 생각이었다.

효령은 자질이 미약하고 성질이 직선적이어서 자세하게 일을 처리하는 것이 없다. 내 말을 들으면 그저 빙긋 웃기만 할 뿐이어서 효령이 늘 웃는 것만 보았다. 효령은 또한 술을 한 모금도 못하니 어찌 중국 사신을 대접할 수 있겠느냐? 이 또한 세자로서 불가한 이유다.

_《태종실록》 1418. 6. 3.

이렇게 충녕에게 기회가 찾아왔다. 신하들은 어질고 현명한 인물을 세자로 책봉해야 한다는 '택현(擇賢)'의 논리를 내세워 사실상 충녕을 적임자로 지목했다. 영의정 유정현이 우의정 한상경의 세손 옹립 주장을 일축하고 권도(權道)로써 택현할 것을 주장하여 분위기를 바꾸었다. 이에 조정의 여론이 택현으로 기울자 임금도 마음을 바꾸었다. 조말생 등이 한양 천도 때처럼 이번에도 점을 쳐서 결정하자는 엉뚱한 절충안을 냈지만 설왕설래 끝에 임금이 손수 충녕을 지목함으로써 논란이 끝났다.

나는 제의 아들을 대신 세자로 세우려 했지만 대신들이 모두 불가하다고 말하니 마땅히 어진 사람을 세우겠다.

_《태종실록》 1418. 6. 3.

이제 남은 것은 어진 사람이 누구인지를 지목하는 일이었다. 답은 누구나 알고 있었지만 조신들은 정치적 위험을 피하기 위해 임금에게 지목을 미루었다.

아들을 알고 신하를 아는 것은 군부만한 이가 없습니다.

_《태종실록》 1418. 6. 3.

결국 임금이 손수 충녕을 세자로 지목하면서 그 이유를 들었다.

충녕은 천성이 총명하고 민첩하고 자못 학문을 좋아해서 비록 몹시 추운 때나 몹시 더운 때에도 밤새 글을 읽으므로, 나는 그가 병이 날까 두려워 늘 밤에 글 읽는 것을 금지시켰다. 그러나 내 큰 책을 모두 청해서 가져갔다.

_《태종실록》 1418. 6. 3.

그렇다. 과연 충녕은 독서에 대한 치열한 열정 덕분에 세자로 지목되었다. 이렇게 새로운 세자로 책봉된 충녕은 겨우 2개월이 지난 1418년 8월에 임금의 전격적인 전위로 보위에 올랐다.

내가 왕위에 있은 지 이미 18년이다. 비록 덕망은 없으나 의리에 맞지 않는 일은 하지 않았는데 위로는 하늘의 뜻에 보답하지 못해서 여러 번 수재, 한재, 충황(벌레)의 재앙이 이르렀다. 또한 묵은 병이 있는데 근래 더욱 심해졌으니 이에 세자에게 전위하려 한다.

_《태종실록》 1418. 8. 8.

11

솔선수범하는 리더십을 보이다

세종 조에는 지식경영이 꽃을 활짝 피웠다. 성종, 정조와 더불어 대표적인 호학군주였던 세종은 학문을 널리 진흥시켜 이를 국정 운영의 토대로 삼았다.

지식경영이 성공한 배경에는 세종 특유의 리더십이 있다. 그의 리더십은 두 가지 차원에서 살펴볼 수 있다.

첫째, 세종은 솔선수범하는 리더였다. 세종은 조신들에게 책을 열심히 읽으라고 시키기 전에 자신이 먼저 책을 가까이했다. 잠저 시절부터 책을 읽느라 밤을 샐 만큼 독서광이던 그는 즉위 이후에도 변함없이 책을 끼고 살았다.

세종은 궁중에 있으면서 손을 놀리고 한가롭게 앉아 있던 적이 없었다. 잠저에 있을 때는 물론 즉위 후에도 손에서 책을 놓지 않았으며, 진선(식사) 때도 반드시 책을 좌우에 펼쳐놓았다.

_《국조보감》

《국조보감(國朝寶鑑)》은 역대 조선 임금들의 모범이 될 만한 행적을 가려 뽑아 적은 편년체 역사서로, 세조 때 편찬이 시작되어 고종 때 90권 28책으로 완성되었다.

세종의 손에는 책이 떠날 새가 없었으며, 그는 국사를 보는 틈틈이 책을 읽었다. 심지어는 내전(왕비의 거처)에 들어가서도 책을 곁에 두고 읽었다. 독서가 취미생활이나 소일거리가 아니라 일상이었다.

세종은 경연에도 적극적으로 참여했다. 아주 특별한 사정이 아니면 경연에 빠지는 법이 없었다. 경연은 임금과 조신들이 미리 책을 읽고 와서 그 내용을 자유롭게 토론하는 자리로, 해당 주제와 연관된 국정이 논의되기도 했다. 그러니까 그룹 스터디나 학술 세미나 같은 것인데, 책 내용을 토론하다 보면 자연스럽게 국정 현안이 언급될 수밖에 없게 되어 경연은 중요한 국정 토론 마당이기도 했다. 대부분의 임금들은 그런 경연을 부담스러워했지만 호학군주인 세종은 오히려 앞서서 경연을 즐겼다.

임금이 학문을 좋아해서 게으르지 않았다. 매일 편전에서 정사를 보고 나와서 경연에 임했다. 상왕을 모시고 잔치할 때 외에는 경연을 잠시도 그만둔 적이 없었다.

_《국조보감》

세종은 재위하는 동안 1,898회의 경연에 참석했다. 월 평균 5회로 주 1회가 좀 넘는다. 워낙 일을 만들어서 하는 임금인지라 격무에 시달리면서도 일주일에 한 번 꼴로 꼬박꼬박 경연에 참석한 것은 어지간한 열정이 아니고서는 불가능한 일이다. 임금이 솔선수범해서 책을 읽고 경연에 참석하니 조신들도 게으름을 피울 수 없었다. 한눈을 팔거나 준비를 게을리 했다가는 임금의 날카로운 지적을 피하기 어려웠기 때문이다.

둘째, 지식경영의 기반이 되는 제도와 시스템을 효율적으로 구축했으며, 이를 통해 인재를 적극 발굴했다. 세종은 독서를 통해 폭넓은 지식체계를 쌓은 후 이를 국정 전반에 활용했다. 자신뿐만 아니라 국가를 이끌어가는 모든 신하들이 여기에 동참해야 지식경영이 성공할 수 있다고 생각했다.

특히 중앙정부에서 국정을 처리하는 젊은 관료들을 국가의 핵심역량으로 키우는 일을 무엇보다 중요한 과제로 여겼다. 이러한 과제를 해결하기 위해 먼저 집현전(集賢殿)을 설치했다. 집현전은 중국 당나라에서 유래된 학문연구기관으로, 고려 때도 있었다. 하지만 그때는 이름만 남은 유명무실한 기구였다. 임금은 즉위년에 좌의정 박은의 건의를 받아들여 집현전을 상설기관으로 재정비했다.

좌의정 박은이 계하기를, "문신을 선발하여 집현전에 모아 문풍을 진흥시키시는 동시에, 문과는 어렵고 무과는 쉬운 때문으로, 자제들이 많이 무과로 가니, 지금부터는 《사서》를 통달한 뒤에라야 무과에 응시할 수 있도록 만들어 주시옵소서." 하니, 임금이 아름답게 여기고 받아들였다.

_《세종실록》 1419. 2. 16.

임금은 집현전을 명실상부한 학문연구기관이자 인재양성기관으로 거듭나게 하는 작업에 들어갔다. 국가 최고 학문연구기관으로서의 위상을 세우기 위해 경험과 학식이 풍부한 정1품, 정2품 등 고위 관료들을 집현전에 소속시키고 정3품 부제학에게 전담 팀장을 맡겼다. 그리고 젊고 유능한 신진관료들을 직제학, 직전, 응교 등의 실무 관료로 임명하여 집현전이 활발하게 작동하도록 만들었다.

임금은 더 나아가 집현전 소속의 신진 학사들을 경연 검토관으로 참여시켜 집현전에 힘을 실었다. 임금은 이렇게 젊고 유능한 학사들을 상시로 직접 대면하는 기회를 만들어 국가의 새로운 동량을 키우는 한편으로 자연스럽게 왕권을 강화할 수 있었다. 집현전 학사들은 임금과 매일 얼굴을 맞대고 학문과 정책을 토론해야 했으므로 한시도 공부를 게을리 할 수 없었다. 세종은 내관들을 시켜 집현전 학사들이 공부에 불편함이 없도록 지성으로 보살피게 했다. 아침과 저녁 식사를 빈객(임금의 손님) 수준으로 대접하게 할 정도로 극진한 예우를 아끼지 않았다.

문사들이 아침과 저녁에 식사를 할 때에는 내관이 학사들을 빈객의 예로 대접하도록 했으니 문사들을 융숭하게 대우하는 수준이 지극했다.

_성현, 《용재총화》

조선 초기 학문이 뛰어난 젊은 선비를 일컫는 집현전 학사는 이렇게 탄생했다. 정인지, 신숙주, 서거정, 강희맹, 성삼문, 박팽년, 이개, 류성원, 하위지 등 내로라하는 당대 일류 학자들이 모두 집현전 학사 출신이다.

세종은 여기에 더해 사가독서제(賜暇讀書制)를 도입하여 지식경영의 내실을 다지는 계기로 삼았다. 사가독서제의 취지는 오늘날 대학 교수의 안식년제와 비슷하지만 그 운용은 파격적인 면이 있었다. 세종 2년(1420), 집현전의 뛰어난 학사를 선발하여 유급휴가를 주고 연구에 전념하도록 한 것이 시작이다. 처음에는 자택에서 독서하도록 했지만 1442년부터는 산중의 진관사에서 독서하도록 해서 상사독서(上寺讀書)라고 불렀다.

세조 때 집현전과 함께 폐지된 것을 성종이 예문관을 설립하면서 부활시켰다. 성종은 독서당을 설치하고 규칙을 만들어 계절마다 읽은 책의 목록을 보고하고, 월별·주별로 제술시험을 보아 불합격하면 퇴출시켰다. 인조 이후에는 겨우 명맥만 유지하다가 정조 때 규장각을 설립하면서 폐지되었다.

> 세종께서 처음 집현전을 설치해 문학하는 선비들을 불러 모으고 아침저녁으로 불러 자문하게 하였다. 그러면서도 문학이 진작되지 못할까 염려해 그 가운데 젊고 총명한 선비들을 선발해 절에 가서 독서하게 하고 비용과 물품을 넉넉하게 대주셨다. 임술년(1442)에 박팽년, 신숙주, 이개, 성삼문, 하위지 등이 왕명을 받들어 삼각산 진관사에서 사가독서를 했다.
>
> _성현, 《용재총화》

세종은 사가독서제가 놀고먹는 제도로 악용되지 않도록 철저한 관리감독체계를 도입했다. 변계량으로 하여금 감독을 맡게 해 독서목록을 꼼꼼하게 체크했으며, 실적을 확인할 수 있도록 정기적으로 독서 이력과 논문을 제출하게 했다.

사가독서에 선발된 관리들은 일 년에 네 번씩 자신이 읽은 경전과 역사서를 적어서 보고하고 매달 세 번 그간 읽은 책에 대한 리포트를 제출해야 했다. 이들은 집에서 한시도 쉴 수가 없었으며, 집현전에 출근할 때보다 더 열심히 책을 읽어야 했다.

3장

소통의 원칙

세종은 자신의 말이 곧 법인 절대군주였지만 임금의 권위를 앞세워 신하들의 말을 무시하거나 흘려듣지 않았다. 쓴소리라도 마음을 열고 들었으며, 소수의견에도 귀를 기울였다. 더 중요한 것은 단순히 경청했을 뿐만 아니라 자신의 의견이 잘못되었다는 것을 깨닫는 즉시 인정했다는 사실이다.

12

먼저 조신들의 의견부터 구하다

세종은 즉위 초부터 조신들과 적극적으로 소통했다. 요즘 커뮤니케이션 전문가들이 최고의 소통으로 경청을 드는데, 세종이 소통에서 최고 덕목으로 삼은 원칙이 바로 경청이다. 1976년 스티브 워즈니악과 함께 애플을 창업한 스티브 잡스는 애초에 남의 말을 잘 듣지 않는 독선적인 리더로 악명을 날렸다. 늘 자기만이 옳았던 잡스는 사사건건 경영진과 부딪친 끝에 1985년 애플에서 쫓겨났다. 1997년 애플에 복귀한 스티브 잡스는 직원들에게 자신을 CLO(chief listening officer)로 불러달라고 주문했다. '최고경청자'라는 의미다. 잡스가 '지시하는 리더'에서 '듣는 리더'로 변하여 돌아온 이후 애플은 위기에서 벗어나 위대한 기업이 되었다.

세종은 말하기 전에 먼저 듣고 또 들었다. 사실 남의 말을 먼저 듣는 데는 대단한 인내심이 필요하다. 인내심이 아니라면 그는 정말 타고난 전략가다. 1418년 8월 12일. 즉위식 다음날 조신들에게 내린 세종의 취임 일성은 먼저 듣겠다는 말이었다.

> 내가 신하들을 잘 모르니 그대들의 의견을 들은 후 결정하겠다.
>
> _《세종실록》 1418. 8. 12.

왕조시대 임금의 취임 일성으로는 파격이다. 임금 자리는 하늘이 내린 자리로, 나라와 만백성의 주인으로 군림하는 자리답게 취임 일성이라면 "과인의 국정철학은 이러저러하니 그대들은 잘 유념하여 따르시오" 하는 정도가 상식적일 것이다.

정조의 취임 일성은 조신들의 간담을 서늘하게 했다. "나는 사도세자의 아들이다!" 내가 바로 비참하게 죽어간 세자의 아들이라는 이 선언은 피바람을 예고하는 무서운 경고였다. 하지만 세종은 달랐다. 그동안 무슨 일이 있었든, 앞으로 무엇이 문제가 될 것이든 간에 정해진 것은 아무것도 없으니 먼저 들어보고 더불어 의논하자는 것이다.

제아무리 임금이라도 이제 막 즉위한 터에 아는 것이 없으니 조신들의 지혜를 빌리겠다는 겸손의 의미로 볼 수도 있지만, 그 자체만으로도 조신들에게 신선한 감동을 안겨주기에 충분한 메시지였다. 실록에도 실제로 조신들이 임금의 이 말을 듣고 감동한 것으로 전한다.

경청(敬聽)의 '들을 청(廳)'자를 하나하나 뜯어보면 듣는다는 것의 참된 의미가 보인다. 왼쪽을 보면 큰 귀(耳) 밑에 임금(王)이 있다. 이어 오른쪽을 보면 열(十) 개의 눈(目) 밑에 하나(一)의 마음(心)이 있다. "임금의 가장 큰 덕목은 큰 귀로 듣고 많은 눈으로 세상을 두루두루 살펴서 신민의 마음을 하나로 모으는 데 있다"는 뜻으로 요약된다. 세종은 이 '들을 청'자의 덕목을 가장 충실하게 이행한 임금이었다.

귀가 있으면 누구나 듣는다. 하지만 사람들은 대개 자신이 듣고 싶은 말만 듣는 경향이 있다. 입으로는 "그래 듣고 있으니 말하라"고 그러지만 마음속으로는 '알고 있으니 그만하라'며 장벽을 치는 것이 보통이다. 사람 사이의 소통이 어려운 것은 그 때문이다. 물리적 감각기관인 귀가 있어도 마음을 열지 않으면 소통이 제대로 이루어지지 않는다. 하지만 세종은 달랐다. 마음을 열고 조신들의 말을 들었다. 조신들을 능가할 만큼 식견이 풍부했지만 세종은 자신이 가진 지식을 모두 내려놓고 조신들의 말부터 들었다.

임금의 이런 태도가 조신들에게는 낯설었다. 일방적으로 지시받고 명령받는 데 익숙해진 탓이기도 하지만 조신들을 대하는 태도가 그전의 임금들과는 달라도 너무 달랐다. 하지만 조신들은 태종 때 말의 덫이 얼마나 무서운지 겪어봐서 쉽사리 마음을 열지 않았다. 가령, 태종은 어느 날 느닷없이 "내가 부덕하여 오늘로 임금을 그만두려 하는데, 경들의 생각은 어떠하오?"라며 전위 의사를 밝힌다. 그러면 저도 모르게 속마음을 드러낸 신하가 "잘 생각하셨습니다. 무거운 짐을 내려놓으시고 푹 쉬시지요."라고 호응한다. 그렇게 걸려든 신하를 역모로 몰아 처단한다. 태종의 처남들도 그런 술수에 말려들어 모조리 사사되는 참극을 똑똑히 보아온 조신들이었다.

그래서 조신들은 새 임금도 그런 정치적인 의도를 갖고 말의 덫을 놓는 것이 아닌지 의심부터 한 것이다. 하지만 시간이 흐르면서 임금의 진심이 전해지자 마침내 마음을 연 조신들은 임금과 적극적으로 소통했다. 이렇게 군신 간에 벽이 허물어지고 격의 없는 소통이 이루어지면서 위대한 시대가 열리기 시작했다. 그 실마리는 리더가 가진 경청의 태도였다.

13

쓴소리에도 귀를 기울여 "기탄없이 말하라"

세종은 임금인 자신에게 사사건건 맞서서 쓴소리를 해대는 신하도 물리치지 않고 그 말에 귀를 기울였다. 심한 경우에는 신하가 임금에게 삿대질까지 해댈 정도였으니, 불경죄로 다스려 치도곤을 낼 법도 했지만 세종은 아랑곳없이 그 말에 귀를 기울였다.

조신들 가운데 도가 넘다 싶게 쓴소리를 해대는 대표적인 인물이 고약해(高若海)다. 이름처럼 성격이 고약하기로 유명한 사람이었다. '고약하다'는 말이 그 이름에서 유래되었다는 설도 있지만 그저 재미로 갖다 붙인 얘길 것이다. 실록에는 고약해와 관련하여 재미난 일화가 실려 있다.

세종은 수령육기제(守令六期制)를 시행했다. 지방관의 임기를

60개월로 한다는 인사 규정이다. 중앙 부처로 올라와서 근무해야 출세 길이 열리는데, 한번 내려가면 장기간 죽어지내야 하니 신하들의 불만이 컸다.

그래서 다수의 조신들이 지방관의 임기를 30개월로 단축해야 한다고 주장했는데, 고약해도 그중 하나였다. 하지만 임금은 지방관이 자주 바뀌면 민생을 제대로 살필 수 없다며 수령육기제를 고수했다. 현지 사정에 조금 적응할 만하면 임지를 떠나버리는 폐단을 없애야겠다는 것이 임금의 원칙이었다.

수령육기제를 폐지해야 한다고 거듭 상소를 올려도 자신의 뜻이 받아들여지지 않자 고약해는 어전회의 자리에서 대놓고 도발했다. 임금에 대해 자신을 '소인'으로 지칭하면서 구시렁거린 것이다.

> 정사를 보았다. 여러 신하가 겨우 좌정하였는데, 형조참판 고약해가 자리를 피하여 낮은 소리로 '소인'이라고 말한 것이 두 번이므로, 전상이 조용하였다.
>
> _《세종실록》 1440. 3. 18.

'소인'은 사대부들 사이에서나 쓰는 표현이고, 신하라면 임금에게는 반드시 자신을 '소신'이라고 지칭해야 한다. '소인'이라고 한 것은 임금을 임금으로 여기지 않겠다는 도발이다. 고약해의 거듭된 망언에 회의장 분위기가 싸늘해졌다. 그는 당장 반역죄로 처벌받을 수도 있는 상황이었다.

다른 임금 같았으면 당장 끌어내 하옥하라는 불호령이 떨어졌을 터였다. 그러나 세종은 오히려 "기탄없이 큰소리로 말하라"며 정식으로 발언할 기회를 주었다.

> 임금이 말하기를, "높은 소리로 말하라." 하니, 약해가 아뢰기를, "소인이 오랫동안 천안을 뵙지 못하였으므로, 일을 아뢰고자 하였사오나, 하지 못하였나이다." 하매, 임금이 말하기를, "해될 것이 없으니 우선 말하라."
>
> _《세종실록》 1440. 3. 18.

이렇게 발언권을 얻은 고약해는 속에 있는 말을 남김없이 토해냈다.

> 소인이 충성이 부족하여 천의를 돌리지 못하옵니다. 전일에 수령의 육기법을 혁파하옵자고 청하였으나 윤허하심을 받지 못하였사옵고, 또 청하여 또 윤허를 받지 못하였습니다. 이 같은 말할 만한 일을 신이 만약 말하지 아니하오면, 누가 즐겨 전하를 위하여 말하려 하겠습니까. 육기의 법을 세움으로부터 수령으로서 범장하는 자가 많사옵니다. 또 인신이 6년 동안이나 밖에 있어, 조계와 상참에 참여하지 못하오면, 신자의 마음에 어찌 억울함이 없겠습니까. 육기의 법은 예전 사람이 비록 이미 행하였사오나, 시대와 일이 다른 것이옵니다. 삼대에 덜고 더한 것이 다 때를 따라서 마땅함을 얻은 것이오니, 굽

어 신의 청을 좇으시기를 엎드려 바라옵니다.

_《세종실록》 1440. 3. 18.

고약해는 자기주장을 구구절절 늘어놓으면서도 여전히 자신을 거듭 '소인'이라고 지칭하여 신하로서 임금을 능멸하는 태도를 보였다. 이에 임금은 마침내 불같이 화를 냈다.

임금이 노하여 말하기를, "신자가 군부에게 감히 망령되게 말하지 못하는 것이다. 수령으로서 범장한 자가 누구이냐."

_《세종실록》 1440. 3. 18.

이어지는 실록의 이 날짜 기사에는 임금과 고약해의 논쟁이 조금 더 소개되어 있다. 화를 내긴 했지만 임금은 고약해의 발언을 원천 봉쇄하지는 않았다. 임금이 화를 낸 것은 자신의 정책에 반대하는 고약해의 주장 때문이 아니라 고약해가 계속 '소인'이라는 지칭으로 임금을 능멸하는 태도 때문이었다. 세종이 아니라 다른 임금이었다면 고약해는 아마 목이 달아났을 것이다. 그런 상황에서도 신하의 말에 끝까지 귀를 기울인 경청의 리더십은 아무나 흉내 낼 수 있는 경지가 아니다.

14

소수의견도 존중하여 "그대의 말에도 일리가 있다"

쓴소리라고 하면 고약해 못지않은 신하가 또 있는데, '소수의견의 대명사'라고 할 허조(許稠)다. 그는 다른 사람들이 다 찬성하는 안건을 두고도 "혹시 이런 문제점이 있을지 모른다"며 반대하고 나서기 일쑤였다. 실록에는 "허조가 홀로 반대했다"는 대목이 자주 눈에 띈다. 다른 임금 같았으면 좌천시켜 한직이나 변방으로 돌렸거나 아예 파직시켜 내쳤을 테지만 세종은 오히려 그를 중용하여 중요한 일을 맡겼다. 나중에는 정승으로 올려 최고로 예우했다.

세종 중반기에 접어들면서 파저강 일대의 여진족이 국경을 넘어 조선의 백성을 죽이고 재물을 약탈해가는 일이 빈번해졌다. 이에 조정에서는 여진족 토벌을 두고 논쟁이 벌어졌는데 조신들은 강경론과 유화론으로 갈려 팽팽하게 맞섰다. 강경론자들은 사직의 안위가 걸린 사안이니만큼 군사력을 총동원하여 토벌해야 한다고 주장했다. 이에 반해 유화론자들은 여진족을 토벌하려고 조선군이 국경을 넘을 경우 명나라와의 외교 마찰이 우려되므로 살살 달래는 것이 상책이라고 주장했다.

의견이 둘로 첨예하게 엇갈렸지만 시간이 지날수록 여론이 강경론으로 기울었다. 본때를 보여 다시는 여진족이 국경을 넘보지 못하게 해야 한다는 목소리가 득세하면서 토벌은 대세가 되었다. 영토 관련 문제만큼은 어떤 타협도 없이 늘 단호하게 대응해온 임금 역시 토벌하자는 쪽의 손을 들어주었다. 이때 허조가 홀로 단호하게 가로막고 나섰다.

> 이만주(여진족 추장) 일당이 사는 곳은 산천이 험조하여, 이른바 "열 그루의 나무를 베고 한 개의 별을 본다"고 하는 곳입니다. 또 야인들이 사납고 날래고 간교하여, 만약 가서 치면 산에 오르고, 군사를 돌이키면 다시 와서 도둑질하여, 국경의 분쟁이 이로부터 끊어지지 않을 것이오니 한갓 우리의 군사만 괴로울 것입니다. 신은 생각하기를, 변경의 성책을 능히 완고하게 하지 못하여, 적으로 하여금 엿보게 하여 그들에게 빼앗긴 바가 되었으니, 성책을 신중히 하고 군건히 하여 방어를 엄하게 해서 편한 것만 같지 못합니다.
>
> _《세종실록》 1433. 1. 18.

허조는 여진족 근거지의 지형이 워낙 험해서 그들이 치고 빠지는 수법으로 나오면 토벌은커녕 우리 군사만 괴로울 것이라며 출정에 반대했다. 차라리 성책을 튼튼하게 쌓아 방어에 전념하는 것만 못하다고 주장했다. 그럼에도 강경론자들이 워낙 드세게 나오자 허조는 한 발 물러서는 듯싶었지만 퇴청하여 곰곰이 생각한 끝에 다시 토벌 반대를 청했다.

> 신이 밤중에 되풀이해 생각해 보니, 성상께서 마음속으로 큰일을 이미 정하셨는데, 신의 여우같이 의심하는 말로써 우러러 천총을 모독하옴은 불가하온 줄 아오나, 속으로 이런 마음이 있으면서 상달하지 아니한다면, 이는 안팎이 일치하지 않은 것이므로 중지하시기를 울면서 청하옵니다.
>
> _《세종실록》 1433. 1. 18.

허조는 이미 결론이 난 사안이지만 일이 잘못될 것을 알면서도 그냥 있는 것은 신하된 도리가 아니라며 토벌 계획을 재고할 것을 울면서 호소했다. 이 정도 되면 임금으로서는 짜증이 날 법도 했다. 하지만 임금은 태연하게 허조의 말을 다 듣고 난 후에야 자신의 의견을 차분하게 피력했다.

> 윤덕이 많은 군관을 거느리고 가면 비록 폐가 없지 않을 것이나, 영변에 이르러 무예를 연습하면 싸우지 아니하고 돌아올지라도 진실

로 유익하다. (중략) 지금 대병을 일으켜서 남김없이 소탕하려는 것은 나의 본의가 아니고, 다만 도적이 와서 침략하고 갔는데 우리가 앉아서 평안히 그 욕을 당하고 한번 가서 문책하지 아니한다면, 저들이 반드시 우리를 가벼이 여겨 매양 와서 침노할 것이므로, 사람을 그곳에 보내어 도둑의 무리를 살펴 알아서, 군사를 출동하여 가서 치면, 비록 능히 이기지 못할지라도 오히려 위력을 보여서 적의 마음을 굴복시킬 수 있을 테니, 이것이 좋은 계책이다.

_《세종실록》 1433. 1. 18.

권력자의 입장에서 보면 소수의견은 골치 아프다거나 시간낭비라고 여길 수도 있다. 그러나 그 소수의견을 막아버리면 아첨하고 아부하는 말만 넘쳐나게 되고 다수의 의견을 건강하게 만드는 견제장치가 사라져버린다. 그때부터는 다수의견이 옳은 것이 아니라 부패하게 된다. 또 무엇보다 소수의견이 옳을 때도 있다. 설령 소수의견이 옳지 않더라도 다수의견을 보완하고 견제하기 위해서는 반드시 필요하다. 그래서 소수의견이 사라진 사회는 위험하다.

그 시대에 이미 그런 점을 잘 알고 있던 세종은 사사건건 트집을 잡는데도 불구하고 경의 말에도 일리가 있다, 그런 점은 생각해볼 만하다, 내가 부족했다며 늘 허조의 말에 성심껏 귀를 기울였다.

한번은 강원도 횡성으로 강무를 나가는 일이 조정회의에서 결정되고 난 후 허조는 조정에 홀로 남아 시기가 적절치 못하고 기후가 고르지 못해 백성에게 민폐를 끼칠 수 있다며 반대했다.

여러 신하가 다 나간 뒤에 허조가 홀로 남아서 아뢰기를, "병오년에 횡성으로 강무하러 나간 사이에 서울에 불이 났고, 신해년 봄에는 평강에서 강무하는데 행차가 매장원에 이르러서 인마가 비를 무릅쓰고 가다가 많이 죽었고, 금년 4월에는 안성에 눈비가 내리고 또 요새는 살별이 늘 나타나오며 또 횡성으로 강무하러 가시는 것은 길도 대단히 머옵고 날수도 많이 걸리오니, 철원·평강 등지에서 행하게 하시기를 바라오며, 또《지리서》에 이르기를, '골짜기가 있으면 물이 있다.' 하였사오니, 이로써 본다면 땅속에 응당 물이 있을 것이온데, 하필 못을 파서 사람의 힘을 더해야 하겠습니까. 이것은 급하지 아니한 일이오니 그 역사는 정지시키시기를 바라옵니다."

_《세종실록》 1433. 윤8. 29.

이에 임금은 강무란 국가적 대사인데 지리적 이유를 들어 반대하는 것은 사리를 제대로 헤아리지 못한 탓이라며 짐짓 허조를 나무랐다.

임금이 말하기를, "지리의 학설은 사대부들이 모두 그것을 쓰는데 어찌 유독 국가에서만 쓰지 못하겠는가. 강무하는 것은 군국의 중대한 일이라 폐지할 수 없는 것인데, 경의 말하는 것은 역시 이해를 투철하게 보지 못한 말이다." 하고 좀 언짢은 기색을 띠었다.

_《세종실록》 1433. 윤8. 29.

실록에서는 이때 임금의 표정을 '불예색(不豫色)'이라고 기록했는데, 화를 낸 것이라기보다 표정이 다소 어두워졌다는 의미다. 세종은 허조의 잦은 반발에 피로감을 느꼈지만 감정표현을 극도로 자제했다. 아니, 오히려 곧바로 자책하면서 허조를 감쌌다. 세종은 허조의 말이 잘못된 것은 없지만 자신의 부덕으로 쓰지 못한다며, 곧바로 자신의 말을 거둬들였다.

경의 말이 어찌 잘못이겠는가. 내가 어질지 못하여 쓰지 못할 뿐이다.

_《세종실록》1433. 윤8. 29.

허조는 '부민고소금지법(部民告訴禁止法)'의 제정과 관련해서도 일화를 남겼다. 재판을 담당하는 관리의 판결이 잘못되어 신체나 재산 피해를 입었다면 백성은 관리를 고소할 수 있어야 한다. 오늘날의 상식으로 보면 당연한 권리지만 사대부의 나라 조선에서는 백성이 그런 권리를 누리면 안 되는 것이 오히려 상식이었다. 관리에 대한 백성의 고소를 허용하면 관리들이 소신껏 일을 할 수 없다는 논리가 대다수 조신들의 인식이었다. 논란 끝에 결국 백성의 고소를 금지하는 법령을 만들었는데 바로 부민고소금지법이다.

이 법안을 발의하고 의결하는 데 가장 적극적으로 나선 사람이 허조였다. 허조는 백성의 고소를 자유롭게 허용하면 공직기강이 흔들리고 사회질서가 무너진다며 부민고소를 원천 금지시켜야 한다고 주장했다. 이에 임금은 원론적으로는 부민고소 금지에 찬성했지만 특수한 경우에는 예외를 둬야 한다는 입장이었다. 일반적인 고소는 금지하되 지극히 억울한 사정이 있는 사람에 한해서는 고소를 제한적으로 허용해야 한다는 것이 임금의 생각이었다. 대다수의 조신들은 임금의 절충안을 지지했지만 허조만은 한 발짝도 물러서지 않았다. 하나라도 예외를 허용하면 법률의 취지가 훼손될 수 있다며, 어떤 예외도 두어서는 안 된다고 맞섰다.

> 임금이 말하기를, "아랫사람이 윗사람을 고소하는 것을 금할 것 같으면 사람들이 억울하고 원통한 정을 펼 곳이 없을 것이니, 개중에 그 자신의 박절한 사정 같은 것은 이를 받아들여 처리해 주고, 만일 관리를 고소하는 따위의 것은 듣지 않는 것이 어떤가." 하니, 신상·하연 등은 대답하기를, "성상의 하교가 진실로 옳사옵니다." 하고, 허조는 아뢰기를, "부민들의 고소를 금하는 것은 그것이 풍속을 파괴하는 까닭입니다. 만약 그 단서를 조금이라도 열어 놓으면 사람들이 앞을 다투어 고소하게 되어, 점차 풍속이 박하고 악하게 될 것입니다."
>
> _《세종실록》 1431. 1. 19.

오랜 논란 끝에 결국 임금의 절충안이 채택되었다. 하지만 허조는 이 과정에서도 꼬장꼬장한 원칙주의자로서 소신을 굽히지 않았다. 허조가 끝까지 강경하게 나오자 임금은 "허조는 고집불통"이라며 불편한 심기를 드러내면서도 허조의 발언을 막지는 않았다.

허조가 아뢰기를, “부민의 원억을 호소하는 소장을 수리하여, 관리의 오판한 것을 처단하게 하는 것은 존비의 구분을 상실할까 두렵습니다.” 하매, 임금이 말하기를, “고금 천하에 어찌 약소한 백성은 원억함도 말하지 못하게 해야 하는 이치가 있을 수 있겠는가. 경의 뜻은 좋지만, 정사로서 실시하기에는 적당하지 않다.” 하였다. 허조가 물러가니, 임금이 안숭선에게 말하기를, “허조는 고집불통이야.” 라고 했다.

_《세종실록》 1433. 10. 23.

안숭선은 도승지로 지금의 대통령 비서실장 격이다. 고집불통이라는 표현은 원문에도 그대로 “固執不通”으로 기록되어 있다. 세종은 사사건건 소수의견을 내면서 원칙을 고집하는 허조에 대해 고개를 절레절레 흔들었다. 하지만 이때도 “경의 뜻은 좋지만 정사로서 채택하기에는 적당하지 않다”면서 직접적인 감정 노출은 삼갔다.

세종은 소수의견을 내는 허조에게도 언제나 소통의 문을 열어두었다. 우리가 세종의 리더십에서 배워야 할 점이 바로 이런 부분이다. 자신의 귀에 거슬리는 사람은 가급적 곁에 두지 않으려는 것이 인지상정인데, 세종은 오히려 이런 신하를 중용했다. 세종은 허조에게 인사를 총괄하는 이조판서를 10년이나 맡겼고, 이후에는 정승으로 삼아 늘 자신의 곁에 두었다. 허조가 세종을 기리는 문묘에 황희, 맹사성과 함께 이름을 올린 사실만 봐도 세종이 허조를 얼마나 아꼈는지 잘 알 수 있다. 이들 세 사람은 세종조의 삼정승으로 불리며 명재상의 사표가 되었다.

중국의 당 태종에게도 허조와 같은 신하가 있었으니 위징이다. 위징은 태종이 내놓는 정책에 맞서 반대의견을 숱하게 개진했는데, 200번이 넘었다. 태종은 사사건건 자신의 정책에 시비를 거는 위징을 향해 "이놈의 영감탱이 요절을 내고 말겠다"며 불같이 화를 내기도 했지만 위징을 늘 곁에 두고 그 말을 경청했다. 위징이 죽자 태종은 자신이 아끼는 거울 하나를 잃었다며 슬픔을 감추지 못했다. 세종에게 허조는 당 태종의 위징과 같은 존재였다.

15

자기 잘못을 바로 시정하여 "그대의 말이 옳다"

세종은 자신의 말이 곧 법인 절대군주였지만 임금의 권위를 앞세워 신하들의 말을 무시하거나 흘려듣지 않았다. 쓴소리라도 마음을 열고 들었으며, 소수의견에도 귀를 기울였다. 더 중요한 것은 단순히 경청했을 뿐만 아니라 자신의 의견이 잘못되었다는 것을 깨닫는 즉시 인정했다는 사실이다.

이조판서 권진이 아뢰기를, "도순문사 최윤덕이 부사와 수행하는 관원을 데리고 간 곳마다 지방의 접대가 너무 번폐하오니, 오래 지방에 머물러 있는 것은 매우 옳지 못합니다. '가을에 할 일을 봄철에 실시하면 백성이 전염병으로 많이 죽는다.' 하였습니다. 만일 성을 쌓을

터가 결정되었다면 그 역사(役事)를 감독하는 것은 윤덕이 아니라도 될 수 있습니다. 옛적 임인년에 도성을 수축할 때에, 군인이 병으로 죽은 사람이 적었으나, 그들이 돌아갈 때에 이르러 죽은 자가 길바닥에 서로 깔렸습니다. 이를 옛 책에서 상고하면, 가을에 할 일을 봄철에 강행했기 때문입니다. 내년 봄에 성을 쌓는다는 것은 옳지 못할까 합니다." 하니, 임금이 말하기를, "경의 말이 옳다. 나는 과거에, '가을에 할 일을 봄철에 강행하면 백성이 전염병으로 많이 죽는다.' 고 한 뜻을 미처 몰라서, 봄철에 백성을 사역시킨 것은 사실 잘못이었다. 현재는 이미 봄철에는 백성을 사역하지 못하도록 하였으니, 삼도(三道)의 성을 봄철에는 반드시 쌓지 않을 것이다." 하였다. 권진이 나간 뒤에, 임금이 대언 등에게 명하여, 봄에는 성을 쌓지 못한다는 취지를 최윤덕에게 이르게 하였다.

_《세종실록》 1430. 윤12. 8.

세종은 최윤덕에게 4군 개척의 임무를 준 후 축성을 독려했다. 임금의 명을 받은 최윤덕은 농사일로 한창 바쁜 봄철에 백성들을 동원하여 무리하게 축성 작업을 실시했다. 백성들의 민원이 그치지 않자 이조판서 권진이 세종에게 봄철의 역사를 중단해야 한다고 건의한다. 권진은 농사가 끝나는 가을에 축성을 해도 늦지 않으므로 굳이 봄철에 서둘러서 할 필요가 없다고 말한다.

이에 세종은 자신이 미처 깨닫지 못했다며 곧바로 잘못을 인정한다. 그리고 승정원에 명해 최윤덕으로 하여금 봄철에는 성을 쌓지 못하게 하라는 조치를 내린다. 실록에는 세종이 자신의 잘못을 인정한 부분의 표기를 '류(謬)'로 적고 있다. 세종이 자신의 잘못을 변명 차원에서 어물쩍 넘긴 것이 아니라 오류임을 깨끗이 인정했다는 의미다.

사람들은 누군가가 자신의 잘못을 지적하면 '그건 네 생각'이라며 심리적인 방어막부터 친다. 객관적으로 잘못이 명백한 사안에 대해서도 좀처럼 오류를 인정하려 들지 않는다. 특히 고위직에 있는 사람일수록 이런 경향이 강하다. '내가 누군데 감히' 하는 마음으로 잘못을 지적한 사람을 고깝게 쳐다본다. 정도가 심하면 인사고과에 부정적으로 반영한다. 세종은 달랐다. 마음을 열고 신하들의 의견을 들었으며, 타당한 의견이라는 생각이 들면 곧바로 자신의 잘못을 인정했다. 그리고 즉각 시정했다.

세종은 절대권력을 가진 군주였지만 마음속에서는 절대권력을 내려놓았다. 그것이 세종으로 하여금 개방적 CEO, 민주적 리더가 되게 했다.《태종실록》의 열람과 관련된 일화가 있다.

> 임금이 도승지 신인손에게 이르기를, "내가 이미《태조실록》을 보았다.《태종실록》도 또한 보는 것이 마땅하다고 여겨지니 여러 겸춘추(兼春秋)에게 상의하라." 하였더니, 대신 황희·신개 등이 모두 말하기를, "역대 임금으로서 비록 조종의 실록을 본 사람이 있더라도 본받을 것은 아닙니다. 당 태종이 사기를 보고자 하니, 저수량과 주자사 등이 '폐하께서 혼자서 본다면 일에 손실이 없지마는, 만약 사기를

보는 이 법이 자손에게 전해지게 되면, 후세에 그른 일을 옳게 꾸미고 단점을 장점으로 두호하여, 사관이 죽음을 면치 못하게 되면 여러 신하들은 임금의 뜻에 순응하여 제 몸을 완전하게 하려 하지 않을 자가 없을 것이니, 천년 후에는 무엇을 믿겠습니까.' 하였으니, 신등의 논의는 바로 이 말과 같습니다. 조종의 사기는 비록 당대는 아니나 편수한 신하는 지금도 모두 있는데, 만약 전하께서 실록을 보신다는 것을 들으면 마음이 반드시 편하지 못할 것이며, 신 등도 또한 타당하지 못하다고 여깁니다." 하니, 임금은 마침내 보지 아니하였다.

_《세종실록》 1438. 3. 2.

여기서 겸춘추란 다른 관서의 관원이면서 춘추관의 사관을 겸임한 관원을 이른다.

임금이라면 누구나 역사의 기록을 보고 싶은 유혹에 빠진다. 세종도 인간이었기에 그런 유혹에 빠졌다. 세종 20년(1438) 《태종실록》이 완성되자 임금은 그것을 보려 했다. 당대가 아니라 선대의 역사를 보는 것은 문제가 없으니 보아도 무방하다는 것이 임금의 생각이었다. 하지만 황희와 신개를 비롯한 신하들이 반대하고 나섰다. 태종 때의 일은 바로 전대의 일이라 임금이 직접 관여한 일들이 많고 또 사관들이 아직 살아있기 때문에 금상이 그것을 읽게 되면 여러 가지 문제가 생길 수 있다고 말한다. 특히 그런 선례를 남기면 후대의 임금들도 모두 그럴 것이므로 불가하다고 했다. 객관적으로 보면 신하들의 의견이 타당하다. 이에 세종은 자신의 욕심을 깨끗하게 접는다. 임금의 권위를 내세워 무리하게 밀어붙이면 못 볼 것도 없겠지만 신하들의 의견이 타당하다고 봤기 때문에 열람을 포기한 것이다.

사람은 누구나 자신의 마음속에 절대반지를 하나 갖고 있다. 《반지의 제왕》에서 프로도가 갖고 있던 절대반지처럼. 죽었으면 죽었지 그것만은 포기할 수 없다는 용렬한 자존심, 잘나가던 과거에 얽매여 앞을 내다보지 못하는 낡은 권위의식 같은 것들이 절대반지에 해당된다. 《반지의 제왕》에서 프로도는 절대반지를 버린 후 자유를 얻었다. 우리도 그렇다. 마음속의 절대반지를 버려야 자유로워질 수 있다.

세종은 마음속의 절대반지를 버리고 신하들과 자유롭게 소통했다. 범인들도 쉽지 않은데 조선왕조의 절대군주인 세종이 그 어려운 일을 해냈다. 세종이 성군으로 추앙받는 데는 다 그만한 이유가 있는 것이다.

16

끝까지 믿고 맡겨서 "황희의 의견대로 하라"

아동 판타지 문학으로 유명한 독일의 작가 미하엘 엔데가 쓴 《모모》. 엔데는 작품을 통해 돈과 시간의 노예가 된 현대인을 고발한 철학자이기도 하다. 《모모》(한국어판, 1999)의 발간 당시 원제도 《모모, 시간도둑과 사람들에게 빼앗긴 시간을 돌려준 한 아이의 이상한 이야기》(1973)였다. 그런데 '모모'라는 이름은 김만중이 부른 노래 〈모모〉(1978)가 크게 히트하면서 소설보다 먼저 한국 대중에게 널리 알려졌다. 특히 "모모는 생을 쫓아가는 시계바늘이다"와 같은 당시로는 보기 드문 철학적인 노랫말 때문에 나중에 엔데의 작품을 소재로 한 것 아니냐는 오해가 퍼지기도 했다. 하지만 노래의 모모는 1974년 프랑스의 작가 에밀 아자르(본명 로맹 가리)가 발표한 작품《자기 앞의 생》의 주인공 모모로 알려졌다.

어쨌든《모모》의 주인공 모모는 이웃 간에 분쟁이 생겼을 때 그것을 해결하는 만능 해결사다. 그런데 모모가 가진 비결은 다름이 아니라 분쟁 당사자들의 말을 묵묵히 들어주는 것이다. 씩씩거리면서 모모를 찾아온 두 사람은 모모 앞에서 각자의 주장을 말하면서 격렬하게 말싸움을 벌인다. 이때 모모는 아무런 말도 하지 않은 채 그저 듣기만 한다. 그런데 신기하게도 두 사람은 어느새 화해를 한다. 논리적으로 조목조목 말을 잘해서 분쟁을 조정하는 것이 아니라 말은 하지 않고 들음으로써 분쟁 자체가 사라지게 만드는 것이 모모의 비결이었다.

세종 치세 18년간 영의정을 지낸 황희도 모모와 같은 캐릭터의 정승이었다. 황희는 워낙에 일처리를 잘해 행정의 달인, 업무 처리의 귀재로 불렸는데, 그 비결은 말을 잘하는 데 있지 않고 남의 말을 잘 듣는 데 있었다. 그 임금에 그 신하라고나 할까, 황희도 세종을 닮아 큰 귀와 열린 마음으로 상대방의 말을 잘 들었다.

어느 날 황희의 집에 마을의 한 농부가 와서 물었다. "대감마님, 오늘이 저희 집 제삿날인데 하필이면 오늘 소가 송아지를 낳았습니다. 이런 날에는 제사를 생략해도 되겠지요?" 황희는 그러라고 했다.

잠시 후에 또 다른 농부가 찾아와서 물었다. "대감마님, 오늘이 저희 집 제삿날인데 하필이면 개가 강아지를 낳았습니다. 그래도 제사는 지내야겠지요?" 황희는 그러라고 했다.

옆에 있던 아내가 남편에게 그런 법이 어디 있느냐고 따지자 황희가 말했다. “앞에 온 사람은 제사를 지낼 마음이 없는 사람이고, 뒤에 온 사람은 어떻게든 제사를 지낼 사람이었소. 정반대인 것 같지만 둘 다 자기가 듣고 싶은 말을 들으러 왔으니 어쩌겠소? 나는 그저 그들의 말을 들어준 것뿐이라오.”

황희는 국사를 총괄하면서도 이런 자세를 유지했다. 첨예하게 의견이 엇갈리는 문제에 대해 토론이 벌어질 때 황희는 묵묵히 들었고, 마지막에 가서 찬반의견을 종합적으로 정리해서 거기에 자신의 의견을 덧붙였다. 특히 황희는 자신과 생각이 다른 의견을 제시하는 동료들을 이간질하거나 비난하는 말을 절대로 하지 않았다. 업무 처리가 미숙한 동료가 있어도 직설적으로 그의 단점을 지적하거나 비난하지 않았다. 황희가 이러한 습관을 기르게 된 배경과 관련해서는 또 다른 일화가 전해진다.

어느 날 황희가 길을 가는데 농부가 들에서 소 두 마리와 함께 일을 하고 있었다. 황희는 농부에게 물었다. “두 마리 소 가운데 검정소가 일을 더 잘하오? 누렁소가 일을 더 잘하오?” 그러자 농부는 황희에게 다가와 귀속 말로 속삭였다. “누렁소가 더 일을 잘한답니다.” 의아스럽게 생각한 황희가 농부에게 물었다. “아니 그 말을 왜 귀에 대고 하시오?” 그러자 농부가 대답했다. “두 마리 소 모두 열심히 일하는데 누렁소가 더 일을 잘한다고 말하면 검정소가 기분 나빠하지 않겠습니까?”

이 일로 황희는 크게 깨달았다. 그리고 자신의 의견을 말할 때

상대의 단점을 공격하지 않고 신중하게 말하는 습관을 길렀다. 임금은 이런 황희를 중용했다. 임기 내내 국사의 총괄 업무를 황희에게 맡겼고, 주요 국정 현안이 있을 때면 언제나 황희를 불러 상의했다. 실록에서 가장 빈번하게 등장하는 말 가운데 하나가 바로 "황희의 의견대로 하라"는 말일 정도로 임금은 황희를 신뢰했다. 임금은 황희의 뛰어난 업무 역량과 자질 가운데 특히 경청의 리더십을 높이 샀다.

17

최초의 전국여론조사, 백성의 소리를 직접 듣다

조세제도 개혁 과정에서 보여준 경청의 리더십은 소통의 달인 세종의 진면목을 보여주는 결정판이었다.

당시의 조세 징수 제도는 관리가 매년 임의로 행하는 '풍흉 판정'에 따르는 손실답험법(損失踏驗法)으로, 손실의 정도를 10등분하여 전해에 비해 수확량이 1할 감소할 때마다 조도 1할씩 감면해주되 수확량이 8할 이상 감소하면 조를 전액 면제해주는 방식이다. 백성으로서는 원칙상 그리 불리한 제도가 아니지만 문제는 중간에서 관리와 아전이 온갖 농간을 부려 백성을 이중삼중으로 착취하는데도 마땅한 견제장치가 없다는 것이었다.

그래서 세종은 관리의 자의적 판단을 배제하고 토질과 기상에 근거하여 조를 결정하는 '공법(貢法)'으로 변경함으로써 아전의 농간, 조사관에 대한 뇌물공여 등의 부작용을 없애고 백성에게 실질적으로 도움을 주고자 했다. 공법은 손실의 답험에 관계없이 일정하게 정해진 세율에 따라 세금을 걷는 제도다. 중간에서 농간을 부리는 폐단을 없애고 조세 수입을 안정적으로 확보하는 장점이 있지만 지리나 기상 특성에 따라 수확량에 차이가 나기 때문에 산간오지의 농민에게는 불리한 점도 있었다.

아무튼 기득권을 쥔 자들이 중간에서 농간을 부릴 수 없게 된 개정안에 신하들의 의견이 찬반으로 팽팽하게 갈리자 임금은 특단의 대책을 내놓는다. 중앙과 지방 정부의 전·현직 관리들, 그리고 마을을 대표하는 사람들의 의견을 전수조사하기로 결정한다. 민생에 직접 영향을 미치는 중대한 사안인 만큼 백성의 소리를 직접 들을 필요가 있었다. 사상 최초로 전국여론조사를 실시하도록 한 것이다.

> 호조에서 아뢰기를, "매양 벼농사를 답험할 때를 당하면, 혹은 조관을 보내기도 하고, 혹은 감사에게 위임하기도 하며, 또 많은 전답을 기한 안에 모두 조사하여 끝마치고자 하므로, 향곡에 늘 거주하는 품관으로 위관을 삼았는데, 위관과 서원 등이 혹은 보는 바가 밝지 못하고 혹은 사정에 끌리어 늘리기도 하고 줄이기도 하며, 덜기도 하고 채우기도 하며, 간활한 아전들이 꾀를 부려서 뒤바꾸어 시행하게 되오매, 그 폐단이 적지 않습니다." 하니, 명하여 "정부·육조와,

각 관사와 서울 안의 전함(前銜) 각 품관과, 각도의 감사·수령 및 품관으로부터 여염의 세민에 이르기까지 모두 가부를 물어서 아뢰게 하라." 하였다.

_《세종실록》 1430. 3. 5.

세종의 결정에 따라 담당 부처인 호조에서는 대대적인 여론조사를 실시한다. 그 대상이 무려 17만여 명에 이르는 유례없는 규모였다. 전화도 없고 교통수단도 발달하지 못한 당시에 17만여 명을 대면 조사한다는 건 대단한 일이다. 전·현직 관리들과 백성들을 직접 만나서 실명을 기재하고 반대하거나 찬성하는 이유까지 적는 방식이어서 방대한 인력이 필요한 대역사였다. 하지만 세종의 관리들은 불과 몇 달 만에 그 일을 해냈다.

그런 엄청난 일을 불과 몇 달 만에 해냈다니, 뭐 대충 하지 않았을까 하는 의심이 들기도 하겠지만 전혀 그렇지 않다. 1430년 8월 10일자 《세종실록》 기사를 보면 조선 관리들의 놀라운 업무수행능력을 확인하게 된다. 조선왕조실록이 괜히 유네스코 기록문화유산으로 선정된 것이 아니다. 실록에는 여론조사 결과 보고서가 어지간한 책 한 권 분량으로 자세하게 소개되어 있는데, 그중 지역별 찬반 현황만 압축해서 소개한다.

경기의 수령 29명과 품관·촌민 등 1만 7,076명은 모두 가하다 하고, 수령 5명과 품관·촌민 합계 236명은 모두 불가하다 하고, 평안도의 수령 6명과 품관·촌민 등 1,326명은 모두 가하다 하고, 관찰사 조종생과 수령 35명, 그리고 품관·촌민 등 2만 8,474명은 모두 불가하다 하오며, 황해도의 수령 17명과 품관·촌민 등 4,454명은 모두 가하다 하고, 수령 17명과 품관·촌민 합계 1만 5,601명은 모두 불가하다 하오며, 충청도의 수령 35명과 품관·촌민 6,982명은 모두 가하다 하고, 관찰사 송인산과 도사 이의흡과 수령 26명과 그밖에 품관·촌민 등 1만 4,013명은 모두 불가하다 하오며, 강원도는 수령 5명과 품관·촌민 등 939명은 모두 가하다 하고, 수령 10명과 품관·촌민 등 6,888명은 모두 불가하다 하고, 함길도에서는 수령 3명과 품관·촌민 등 75명은 모두 가하다 하고, 관찰사 민심언과 수령 14명, 그리고 품관·촌민 등 7,387명은 모두 불가하다 하오며, 경상도에서는 수령 55명과 품관·촌민 등 3만 6,262명은 모두 가하가 하고, 수령 16명과 품관·촌민 3 77명은 모두 불가하다 하오며, 전라도에서는 수령 42명과 품관·촌민 등 2만 9,505명은 모두 가하다고 말하고, 관찰사 신개·도사 김치명, 그리고 수령 12명과 품관·촌민 등 257명은 모두 불가하다고 하옵는데, 무릇 가하다는 자는 9만 8,657인이며, 불가하다는 자는 7만 4,149명입니다." 하니, 황희 등의 의논에 따르라고 명하였다.

_《세종실록》 1430. 8. 10.

조선 전체에서 찬성한 사람(9만 8,657명)이 반대한 사람(7만 4,149명)보다 더 많았지만 세종은 이를 근거로 조세개혁을 밀어붙이지 않았다. 지역적으로 보면 토지가 비옥해 수확량이 많은 경기도와 경상도, 전라도 등에서는 찬성 비율이 압도적으로 높았지만, 토지가 척박한 강원도, 충청도, 평안도, 황해도, 함길도 등에서는 반대의견이 압도적으로 높았다. 그래서 좀 더 신중한 접근이 필요하다고 판단했다.

그래서 임금은 황희 등에게 제도개혁에 따른 부작용과 문제점을 좀 더 깊이 있게 검토하라고 지시한다. 그런 후에 제도개혁을 담당하는 상정소를 설치해 세목과 세율을 구체적으로 정하고 경상도와 전라도, 충청도 등의 일부 지역에서 시범 삼아 실시해본 후 적용범위를 전국으로 확대해 나간다. 조세개혁 논의를 시작한 지 무려 17년 만에 숱한 논의와 보완을 거쳐 결론을 낸 것이다. 세종의 이런 무한 인내의 경청 리더십 덕분에 공법은 조선의 공식 조세제도로 자리를 잡아 민생 안정에 크게 기여했다.

18

충분한 논의를 거쳐 국가 대사를 결정하다

세종 14년(1432), 조선 조정의 가장 큰 현안은 파저강 토벌 문제였다. 파저강은 중국의 요녕성과 안동성의 경계를 이루는 강으로, 압록강의 지류에 해당되었다. 당시 파저강 주변에는 여진족이 촌락을 이루고 살았는데, 수시로 국경을 넘나들면서 노략질을 일삼는 이들이 조선으로서는 가장 큰 골칫덩이였다. 특히 백두산 기슭 여연에서 화전으로 연명하던 조선 백성들은 가장 강력한 여진족 추장 이만주 일당의 노략질 때문에 죽을 맛이었다.

그해 12월 초, 이만주가 400여 기의 기병을 이끌고 침입하여 여연 일대를 쑥대밭으로 만드는 사건이 터지자 조선 조정은 발칵 뒤집혔다. 그들은 조선 백성 53명을 살상하고 100여 명을 납치해갔다. 뒤늦게 소식을 접한 강계절제사 박초가 일당을 추격하여 끌려가던 백성 26명과 마소 80여 마리를 되찾아 왔지만 예기치 못한 급습이라 피해가 막심했다.

이 사건을 처음으로 보고받은 세종은 분노했다. 12월 9일자 실록도 "임금이 심히 노했다"고 기록했다. 임금은 분노로 그치지 않았다. 즉시 구체적인 대응책 마련에 착수했다. 실록은 "임금이 황희, 맹사성, 조말생 등을 불러 의논했다"고 기록했다. 눈여겨볼 대목은 "의논했다"는 것이다. 당장 군사를 일으켜 이만주 일당을 토벌하라는 지시를 내리는 대신 조신들을 불러 대응책을 의논한 것이다. 감정적, 즉흥적으로 대응한 것이 아니라 차분하게 이성적으로 대응한 것은 냉철한 리더의 면목이다.

> 평안도 감사가 치보하기를, "야인 400여 기가 여연의 경내에 쳐들어와서 사람과 물건을 표략하여 가매, 강계 절제사 박초가 군사를 거느리고 그들을 추격하여, 붙잡혀 가던 사람 26명과 말 30필, 소 50마리를 도로 빼앗아 왔사오나, 우리나라 사람으로 전사자는 13명이고, 적의 화살에 맞아 부상한 자가 25명이나 되었사온데, 마침 날이 저물어 끝까지 추격하지 못하였습니다." 하니, 임금이 심히 노하여, 곧 황희·맹사성·권진과 입번 도진무 조말생, 병조판서 최사강 등을 불러들여서 의논하기를, "우리나라에서 그자들을 끝까지 추격하지 못한 것은 중국의 국경을 마음대로 넘어갈 수 없기 때문이니, 이러한 뜻을 갖춰 황제께 주문함이 어떠할까." 하니, 황희·조말생·

최사강 등이 아뢰기를, "여진이 내침하였을 때는 우리 군사가 비록 중국 땅까지 뒤쫓아 들어갈지라도 이는 방어하기 위한 것이요, 진실로 사대하는 의리에 해로움이 없을 것인데, 황제가 어찌 허물하겠나이까. 오늘날 중국이 우리를 대우함에 후하오나, 그러나 거병하여 입경할 때에 미리 황제께 주달함은 의리에 타당하지 못하옵니다." 하고, 맹사성·권진 등이 아뢰기를, "주상의 말씀에 따라 황제께 주문하는 것이 편하겠나이다." 하였다.

_《세종실록》 1432. 12. 9.

세종은 여진이 침입한 사실을 보고받자 이 문제의 핵심에 외교 문제가 자리 잡고 있다고 인식했다. 국경 너머로 달아난 여진족을 소탕하려면 국경을 넘어야 하는데, 자칫 중국과의 외교 문제로 비화할 수 있다고 본 것이다. 그래서 중국 황제에게 외교문서를 보내 여진족을 소탕하기 위해 불가피하게 국경을 넘으니 양해해 달라고 하는 것이 어떻겠냐며 신하들의 견해를 물었다. 신하들의 견해는 갈렸다. 영의정 황희와 입번 도진무(국방 문제를 총괄하는 정2품의 벼슬) 조말생, 병조판서 최사강 등은 반대했고 좌의정 맹사성, 우의정 권진 등은 찬성했다. 황희 등은 여진족을 추적하기 위해 국경을 넘는 것은 조선으로서는 자위 수단이므로 굳이 중국의 동의를 구할 필요가 없다며 반대했고, 맹사성 등은 혹시 황제의 심기를 자극할 수도 있느니 동의를 구해야 한다며 찬성했다.

조신들의 의견이 갈리자 임금은 일단 결론을 보류했다. 그렇다고 문제를 묵히지도 않았다. 임금은 다음날 다시 회의를 소집하여 전날의 문제를 재차 논의에 붙였다.

> 황희·맹사성·권진·최윤덕·허조·안순·조말생·정흠지·최사강 등을 부르고, 안숭선·김종서를 사정전에서 인견하고 다시 어제의 미진했던 일을 의논하게 하였다. 그 첫째 번 의논에, "어제 의논하던 바의 황제께 주문하는 것의 타당 여부는 어떠한가." 하니, 정흠지·안순·맹사성 등이 아뢰기를, "주문하오면 야인들이 이를 듣고 반드시 외복하는 마음이 생길 것입니다. 우리나라가 치욕을 당하였으니 참고 그대로 둘 수는 없는 것입니다. 마땅히 주문하옵소서." 하고, 권진은 아뢰기를, "야인이 분노한 것은 다름이 아니라, 중국인이 오면 중국으로 돌려보내고, 본국인이 오면 본국에서 받아들이니, 이 때문에 노여움을 머금고 와서 침범한 것이옵니다. 또 이제 김소소가 만약 요동에 통속된 사람이라면 주문하지 않을 수 없나이다." 하고, 최사강·조말생 등이 아뢰기를, "비록 주문하지 않더라도, 접전할 때를 당하면 저들의 땅을 분별하지 말고 추격함이 무방하겠나이다."
>
> _《세종실록》 1432. 12. 10.

조신들의 의견은 전날과 같이 팽팽하게 갈렸다. 전날 찬성했던 맹사성과 권진을 비롯해 정흠지, 안순 등이 찬성 의견을 냈고, 최사강, 조말생 등은 반대했다. 황희도 여전히 반대하는 입장이었다. 전날 의견을 내지 않았던 허조는 공문서를 보내봐야 실효성이 없다며 반대했고, 최윤덕은 황제에게 동의를 구한다 해도 여진족을 정벌하는 것이 현실적으로 불가능하다며 반대했다.

최윤덕이 나서서 정벌 자체를 반대하는 쪽으로 의견이 기울자 임금은 스스로 찬성론에 한 표를 던져 균형추를 맞추었으며, 결국 늦은 시각 중국 황제에게 보내는 외교문서를 작성하라고 지시한다. 하지만 공문을 시행하기 전에 다시 한 번 조신들의 의견을 구하겠다며 신중을 기한다.

> 임금이 말하기를, "대신의 의논을 내 이미 알았노라." 하고, 안숭선에게 일러 말하기를, "내일 승문원 제조 이긍과 판사 김청 등을 불러 황제에게 주문할 초안을 작성하여 아뢰게 하라. 그런 뒤에야 다시 여러 대신과 의논하겠다." 하였다.
>
> _《세종실록》 1432. 12. 10.

중대한 국정 현안이 있을 때 세종은 조신들의 의견을 충분히 들은 후에 신중하게 결론을 내렸다. 숙의민주주의가 세종의 의사결정 원칙이었다. 그렇다고 조신들의 찬반 의견을 기계적으로 저울질해서 결론을 내리지는 않았다. 국익을 위해 원칙을 지킬 필요가 있다고 판단될 때는 조신들과 다소 의견 차이가 나도 소신대로 국정을 이끌었다.

19

반대파는 권위가 아니라 논리로 설득하다

파저강 토벌이 이루어진 때는 이만주 일당의 침략 사실이 조정에 보고된 지 4개월 후인 1433년 4월 19일이었다. 그동안 세종은 여러 차례 관련 회의를 열어 반대하는 신하들을 설득하고 토벌에 필요한 준비태세를 점검했다.

대표적인 반대론자는 최윤덕과 허조였다. 특히 최윤덕은 평안도 방어를 책임지고 있는 절제사로, 파저강 토벌군을 일으킨다면 사령관을 맡아야 할 장수였다. 그런 최윤덕이 끝까지 반대하면 토벌 계획 자체가 무산될 수도 있는 상황이어서 토벌을 염두에 둔 임금으로서는 그를 설득하는 것이 최우선 과제였다. 마음이 급할 수도 있었지만 임금은 서두르지 않았다. 임금의 권위로 찍어 누르기로 마음먹으면 안 될 것도 없었지만 그렇게 하지 않았다. 임금은 차분하게 논리적으로 설득했다. 최윤덕의 반대에도 귀담아 들을 필요가 있는 현실적인 이유가 있었다.

> 최윤덕은 아뢰기를, "신이 일찍이 그곳은 행병(行兵)하기가 매우 어려운 것을 알고 있습니다. 비록 주문하여 인준을 얻는다 하더라도 제어하기 어려울 것이고, 또 황제가 인준하지 않는다면 저들이 이것을 듣고 반드시 독한 성미를 함부로 부릴 것이오니, 이번의 거사는 그치심이 옳겠나이다."
>
> _《세종실록》 1432. 12. 9.

황제가 인준해도 지세가 워낙 험해 토벌이 힘들고, 만에 하나 황제가 인준하지 않으면 여진족이 그 사실을 알고 기고만장해질 우려가 있으므로 토벌 계획 자체를 없던 일로 하자는 것이 최윤덕의 주장이었다. 대신 최윤덕은 방어태세를 튼튼하게 하여 북방의 우환을 없애자고 건의한다. 공격보다는 수비가 우선이라는 주장이다.

> 최윤덕이 아뢰기를, "신이 여연 등의 주민이 매양 야인의 포로가 된다는 말을 들었사오니, 신은 빨리 좋은 땅을 선택하시어 성을 쌓고 조심하여 방어하시기를 바라옵니다." 하니, 임금이 말하기를, "근래에 사신의 내왕으로 인하여 서북 인민의 곤궁하고 피폐함이 더욱 심하기 때문에 성을 쌓지 못하였노라." 하였다. 윤덕이 아뢰기를, "방금

은 성상의 덕이 심중하시므로 비록 성을 쌓지 아니하여도 가하오나, 자손 천 년에 어쩌다가 어질지 못한 임금이 있게 되면, 반드시 적인의 침노를 받게 될 것이매, 변경의 근심이 크옵니다. 또 사신은 해마다 없는 때가 없은즉 어찌 사신이 없는 날을 얻어서 쌓겠나이까." 하니, 임금이 말하기를, "내 장차 깊이 생각하겠노라." 하였다.

_《세종실록》 1432. 12. 13.

최윤덕의 지적에 대해 임금은 중국 사신을 접대하느라 여력이 없어 성벽 축조에 소홀했다고 말한다. 변명으로 들릴 수 있는 말이다. 그러자 최윤덕은 좀 더 강한 어조로 임금을 압박한다. 최윤덕은 당대에는 임금이 변경 백성들의 민심을 얻어 별 탈이 없겠지만 훗날 어질지 못한 임금이 나와서 민심이 이반되면 국가 안보에 큰 구멍이 뚫릴 수 있다며 적극적인 대처가 필요하다고 주장했다. 중국 사신 접대라는 외교적 문제를 핑계로 미룰 일이 아니라며 군왕을 압박하는 최윤덕의 말에서 강직한 무장의 기개를 엿볼 수 있다. 임금은 깊이 생각하겠다며 한 발 물러선다.

임금은 최윤덕의 말이 타당하다고 보고 다양한 대비책을 강구한다. 하지만 토벌 계획 자체를 취소하지는 않는다. 황희와 맹사성 등에게 명해 약탈을 당해 생계 곤란을 겪고 있는 여연 주민들에 대한 구휼책을 강구하게 하는 한편, 병조에 명해 토벌에 필요한 군수를 보강하도록 한다. 세종은 1433년 1월 중순에 접어드는 시점에서 토벌 결심을 거의 굳힌 것으로 보인다.

"전일에 경 등이 논의하기를, '파저강 야인들의 소행을 짐짓 모르는 체하고 아직 그대로 두고 논하지 말자.'고 하였으므로, 나도 그렇게 여겼는데, 지금 다시 생각한즉 야인들이 우리 지경에 가까이 있으면서 이유 없이 변경을 침범하여 인민을 죽이고 사로잡아 가는데, 나라에서는 가만히 앉아서 보고 걱정 없이 돌아보지 아니하여 후일에 자주 침범하는 근심을 열게 함이 가할까. 경들의 논의가 비록 안정을 지키는 도리에는 합당할지라도 어찌 중국이 이적을 대우하는 도리로써 이 무리들을 대하겠는가. 군사와 무력을 다하여 그 지경에 깊이 들어가는 것은 나의 본마음이 아니고, 군사를 정돈하고 베풀어서 무위를 보이려고 하는데, 저들이 만약 포로한 사람을 다 돌려보내고 성심으로 귀순한다면 반드시 토벌할 것은 아니다. 그것을 각기 충분히 논의하여 아뢰라." 하니, 황희 등이 논의하기를, "신 등도 마음이 몹시 아프옵나이다. 군대를 훈련하여 무위를 보이는 것이 마땅하다고 생각하옵니다."

_《세종실록》 1433. 1. 11.

최윤덕을 비롯한 조정 신하들의 반대의견이 우세했지만 임금은 영토와 국가안보 문제만큼은 어물쩍 넘어갈 수 없다는 확고한 소신을 견지했다. 무력시위를 해서 여진족이 꼬리를 내리면 토벌까지는 하지 않겠지만 끝까지 버티면 토벌을 감행하겠다는 것이 임금의 의중이었다. 미온적으로 대처할 경우 여진족의 침입이 더욱 더 잦아질 것이기 때문에 사건 초기 강력한 대응으로 화근을 미리 잘라

내야 한다는 것이 국방과 안보에 대한 세종의 원칙이었다.

임금의 의중이 토벌 쪽으로 기울자 조정의 분위기도 바뀌었다. 영의정 황희가 중심이 되어 토벌 계획을 지지하자 따르는 신하들이 늘어났다. 하지만 이때까지만 해도 최윤덕이 찬성 쪽으로 완전히 돌아선 것은 아니었다. 임금은 오랑캐 토벌에 관한 역사적인 사례를 예로 들면서 논리적으로 다시 한 번 그를 설득했다.

> 평안도 도절제사 최윤덕, 도진무 김효성, 경력 최치운 등이 사조(辭朝)하니, 임금이 인견(引見)하고 말하기를, "오랑캐를 방어하는 방도가 예전에도 좋은 계책이 없었다. 삼대의 제왕들은 오면 어루만지고, 가면 쫓지 아니하여, 다만 횡포하지 못하도록 하였을 뿐이다. 옛 사람들은 이를 마치 모기처럼 여겨 쫓아버릴 뿐이었다. 옛 사람이 이와 같이 한 까닭은 나라의 크고 작음이 없이 벌에 독이 있는 것과 같다. 피차간에 무죄한 백성이 어찌 해를 받음이 없겠느냐. 그러나 파저강의 도적은 이와 다르다. 지난 임인년 사이에 우리 여연을 침노하였고, 그 뒤에 홀라온에게 쫓긴 바가 되어 그 소굴을 잃고는, 그 가족을 이끌고 와서 강가에 살기를 애걸하기에, 나라에서 가엾이 여겨 우리나라에 붙어 살 것을 허락하였으니, 보호한 은혜가 적지 아니한데, 지금 은덕을 저버리고 무고히 쳐들어와서 평민을 죽이고 잡아갔으니, 궁흉극악한 죄는 베어 용서할 수 없다. 만약 정토하지 아니한다면 뒤에 뉘우치고 깨달음이 없어, 해마다 반드시 이와 같은 일이 있을 것이다."
>
> _《세종실록》 1433. 1. 19.

세종은 중국 역대 왕실이 오랑캐를 대한 사례들을 먼저 언급했다. 이들은 오랑캐를 모기와 같이 성가신 존재로 여겼지만 국가의 병력을 동원해 적극적으로 토벌하지는 않았다. 멀어지면 그냥 두고 다가오면 품어주고 달래는 것이 오랑캐에 대한 이들의 대응 방식이었다.

파저강 토벌 논쟁이 벌어졌을 때 조정 신하들 다수도 이런 입장이었다. 모기에 한번 물렸다고 물웅덩이를 통째로 갈아엎으려 들다가는 더 큰 화를 당할 수 있으므로 모른 척 내버려 두자는 현실론이 지배적이었다.

임금도 그런 현실론을 어느 정도 인정했다. 하지만 파저강의 여진족은 예외라는 것이 임금의 생각이었다. 그들이 어려울 때 품어주었음에도 불구하고 조선의 강역까지 침범해 백성들을 살상하고 약탈해간 것은 좋은 게 좋다는 식으로 적당히 넘길 문제가 아니라고 본 것이다. 임금은 그런 논리로 최윤덕을 설득하면서 대마도 정벌의 사례까지 덧붙였다.

> 후일에 대마도의 일에 혹은 쳐야 한다고 말하고, 혹은 칠 수 없다고 말하였는데, 태종께서 대의로서 결단하고 장수들에게 명하여 토벌하게 하셨다. 그 일이 비록 마음에 만족스럽지는 못하였으나, 뒤에 적들이 마침내 두려워하는 마음을 가지게 되었다.
>
> _《세종실록》 1433. 1. 19.

하지만 최윤덕도 쉽게 물러서지 않았다.

윤덕이 대답하기를, "대마도의 일은 100년 동안의 준비이고, 오늘날의 일은 겨우 10년 동안의 준비이온데, 더군다나 같은 야인이라도 조금은 동서의 차별이 있사오니, 이만주는 요동과 가까워서 맹가(猛哥)에 비할 것이 아닙니다."

_《세종실록》 1433. 1. 19.

역사와 성격이 다른 두 사건을 단순 비교하는 것은 옳지 않다는 것이 최윤덕의 주장이다. 특히 이만주가 이끄는 여진족은 사납기가 짐승과 같아서 토벌이 불가하다고 말한다. 이에 임금은 전면적인 공격이 아니라 여진족의 근거지 한두 곳을 택해 공격하는 국지전으로 토벌 규모 자체를 축소하는 방안을 제시한다.

임금이 말하기를, "경의 말이 옳으나, 다만 그 내침(來侵)한 도적의 실상만 살펴 알 수 있다면 군마(軍馬)를 정리해 밤낮으로 행군하여 한두 마을만 쳐부수어도 족하다."

_《세종실록》 1433. 1. 19.

이에 최윤덕도 한 발 양보한다. 임금이 신하의 주장을 존중하여 토벌 규모를 축소한다고까지 제안하는데 그마저 반대할 수는 없었다. 그렇다고 당장 토벌에 나서는 것은 좋지 않으니 땅이 풀리는 4,

5월로 토벌 시기를 미루는 것이 좋겠다는 의견을 내놓았다.

> 윤덕이 대답하기를, "예전의 훌륭한 장수들은 어찌 군력만을 썼겠습니까. 또한 때와 운수로 인하여 서로 이기고 패하였습니다. 지금은 땅이 얼고 물이 흘러넘치니 4, 5월 봄, 물이 마르기를 기다려서 행군하는 것이 가합니다. 만약 일의 기미가 있으면 마땅히 용사 20여 명을 청하겠나이다." 하였다.
>
> _《세종실록》 1433. 1. 19.

이에 임금은 최윤덕의 보충 제안을 흔쾌히 받아들이고, 나머지 구체적인 실행 업무는 최윤덕에게 전적으로 위임했다.

> 임금이 말하기를, "경의 말한 바를 내가 어찌 듣지 않겠는가. 군사의 진퇴에 이르러서는 경의 처분대로 따르겠다."
>
> _《세종실록》 1433. 1. 19.

임금과의 끈질긴 논쟁 끝에 조건부 찬성으로 돌아선 최윤덕은 이후 현지에서 철저한 준비를 통해 파저강 토벌을 성공시키는 일등공신이 된다. 세종의 경청과 설득 리더십이 효과를 발휘한 것이다.

최윤덕을 설득하여 큰 고비를 넘은 세종에게 또 한 고비가 남아 있었다. 또 다른 반대론자 허조였다. 허조는 인사를 담당하는 이조판서였지만 국가안보에 관련된 중요한 현안이었기 때문에 대책회의에 꼬박꼬박 참석해서 발언했다.

파저강 토벌 문제가 현안으로 떠 오른 1432년 12월 중신회의에서 허조는 역시 현실적인 이유를 들어 토벌에 반대했다.

> 허조는 아뢰기를, "저들은 금수와 다름이 없사오니, 비록 주문했다 할지라도 두려워하지 않을 것이요, 또 황제가 인준할지 인준하지 않을지도 기필하기 어렵습니다. 그러니 우리의 변경을 굳게 지켜 2, 3년을 기다리게 되면 반드시 와서 화친을 청할 것이오니, 그때까지 마땅히 후하게 대접하고 어루만져 회유하옵소서."
>
> _《세종실록》 1432. 12. 10.

중국 황제의 인준 여부와 상관없이 워낙 사나운 종족인지라 괜히 긁어서 부스럼 만들지 말고 적당히 구슬리는 것이 상책이라며 토벌에 반대한 것이다. 허조는 최윤덕보다 더 끈질기고 설득하기도 더 까다로웠다. 최윤덕은 유연한 면이 있어서 접점을 찾아 타협했지만 허조는 토벌이 결정되는 그 순간까지 끊임없이 반대 주장을 펼쳤다.

1433년 2월 15일, 임금은 토벌을 기정사실화한 상태에서 대신들을 불러 대책회의를 열었다. 토벌의 명분을 무엇으로 내세울 것인지, 토벌 시기를 언제로 정할 것인지 등에 관한 실무회의였다. 이 회의에서 황희를 비롯한 다른 신하들의 발언은 모두 의제에 어긋남이 없었지만 허조만은 예외였다. 여전히 토벌 자체를 반대하고 나섰다.

이조판서 허조는 아뢰기를, "파저강 올량합이 올적합과 더불어 합심하여 도둑질한 것은 의심할 나위 없사오니, 죄악이 심히 중하여 당연히 가서 쳐야 할 것이오나, 그윽이 듣건대, 저들의 땅이 산수가 험조하고, 수목이 무성하고 빽빽하여, 본디 성곽이 없고 산골에 흩어져 산다고 하오니, 만약 군사를 일으켰다는 말을 들으면 문득 깊은 곳으로 도망갈 것이오니 쫓기 어려울 듯하며, 또, 이 무리들이 스스로 지은 죄를 헤아리고 토벌함이 있을까 염려되어 흉흉하여 불안해 할 것인데, 이때에 가서 치는 것이 성공하기 어려울까 두렵습니다. 양계의 장수들이 사태를 살펴서 계달하기를 기다려 뒤에 헌의하게 하옵소서."

_《세종실록》 1433. 2. 15.

허조의 반대는 여기서 그치지 않았다. 실무 준비가 한창이던 그해 3월에도 임금에게 토벌 계획을 중단하라고 건의한다.

지금 북방을 정벌할 시기인 4월을 바로 당하오니, 만약 큰비를 만나서 강물이 불어 넘치면, 신은 일이 순조롭지 못하고 도리어 해가 있을까 두렵습니다. 또 여름 달에 초목이 무성하여 산과 골에 울밀하게 덮이면, 저들이 반드시 복병을 흩어 둘 것이오니 더욱 염려스럽습니다. 신의 뜻으로는 겨울을 기다려 얼음이 언 뒤에 그들이 뜻하지 않는 때에 나가서 부락에 들어가 돌격하면, 가히 크게 깨뜨리고 나라의 부끄러움을 씻을 것이오니 아직 발병을 정지함이 옳은 줄 아뢰옵니다.

_《세종실록》 1433. 3. 17.

토벌에 반대하지는 않지만 토벌 시기를 4월에서 겨울로 늦추자는 것은 사실상 토벌을 하지 말자는 것이나 다름없었다. 실무 계획이 착착 진행되고 있는 마당에 사실상 토벌을 그만두자는 허조에게 화가 치밀 법도 하건만 임금은 끝까지 차분하게 논리적으로 허조를 설득한다.

임금이 말하기를, "대저 큰비는 6, 7월 사이에 있는데, 하늘이 우리를 미워한다면 큰비를 내려서 군사의 길을 막을 것이나, 하늘이 미워하지 않는다면 4월에 하필 큰 비가 오리오. 그러나 천도는 헤아리기 어려우므로 기필할 수 없다. 다만 성인은 사물에 밝게 통하여 만리 밖을 밝게 보고 묘당의 위에서 승부를 판결하나, 중인 이하의 사람은 일을 시작할 때에 마땅히 의심하는 생각이 있을 것이나, 만약 의심하는 생각으로 결단하지 못하면 어느 때에 군사를 발하여 큰일을 이룩하리오. 하물며 지금 풀이 자라서 말먹이는 폐가 없는 데서랴. 또 야인들이 노략질한 때가 오래지 않았으므로 쫓아 쳐서 탈취해 돌아오면 황제도 잘못이라 아니할 것인데, 만약 후일을 기다려서 군사를 일으켜 중국의 경계를 넘어 들어가면 황제가 반드시 조선을 그르다고 할 것이다."

_《세종실록》 1433. 3. 17.

세종이 아무리 신하들의 말을 잘 듣는 임금이라지만 사사건건 지나치게 물고 늘어지는 허조가 지긋지긋할 만도 했다. 그런데도 허조의 말에 끝까지 귀를 기울였다. 어떤 사안이든 소수의견은 결정과 시행 과정에서 만의 하나 있을지도 모를 문제점을 일깨워주는 호루라기 같은 역할을 한다는 점에서 긍정적인 요소가 있다.

반대하는 신하를 임금으로서의 권위가 아니라 논리로 설득해서 찬성으로 돌아서게 한 세종의 설득 리더십과 소수의 의견에도 끝까지 귀를 기울이는 경청 리더십이 만들어낸 파저강 토벌 계획은 결국 대성공으로 끝났다.

1433년 4월 19일, 최윤덕이 지휘하는 총 1만 4,962명의 조선 토벌군은 일곱 개의 방향으로 기습공격을 감행하여 일방적인 승리를 거두었다.

4장

인재 등용의 원칙

세종은 인재를 발탁하는 기준부터가 남달랐다. 출신 성분보다는 철저하게 능력 위주로 인재를 발탁했다. 인사에서의 이런 원칙도 지식경영을 성공시킨 요인 중 하나였다. 세종 1년(1419) 8월, 임금은 박자청을 의정부 참찬으로 영전시켰다. 박자청은 천인 출신이었지만 나라 안의 중요한 건축공사를 도맡아서 처리할 정도로 능력이 뛰어난 기술 관료였다.

20

사람이 가진 단점보다 장점을 더 크게 보다

세종은 국정 현안에 대한 구상이 막힐 때면 재야의 선비들에게서도 참신한 아이디어를 구하고자 했다. 그래서 과거시험에 주요 국정 과제 관련 문제를 자주 출제했다. 이른바 책문(策問)이다. 책문은 문과시험 과목의 하나로, 정치 현안에 관한 계책을 묻고 그에 대한 답을 적게 하는 시험이다. 세종 29년(1447), 임금은 인재 등용과 관련한 책문을 냈다.

인재는 천하국가의 지극한 보배다. 왕이 인재를 제대로 쓰지 못하는 까닭에는 세 가지가 있다. 첫째는 인재를 알아보지 못하는 부지(不知), 둘째는 인재에 대한 간절한 마음이 없는 부절(不切), 셋째는 왕과 인재의 뜻이 맞지 않는 불합(不合)이 그것이다. 뛰어난 인재가 어진 임금을 만나지 못하는 경우도 세 가지가 있는데, 첫째는 임금과 소통하지 못하는 불통(不通), 둘째는 임금과 뜻이 통해도 임금을 공경하지 않는 불경(不敬), 셋째는 임금과 뜻이 맞지 않는 불합(不合)이 그것이다. 임금이 인재를 알아보지 못하고 신하가 임금과 통하지 않는 것은 비유하자면 두 맹인이 만나는 것과 같다. 어떻게 하면 인재를 제대로 알아보고 제대로 등용할 수 있는지 성심껏 답하라.

_강희맹, 《사숙재집》

《세조실록》에도 "인재는 천하의 지극한 보배"로 시작하는 책문이 실려 있는데, 제대로 된 인재를 뽑아서 국가의 동량으로 삼는 문제는 세종뿐만 아니라 조선왕조 모든 임금들에게 공통된 과제였다.

위에 예시한 책문이 제시된 문과시험에서 장원급제한 사람이 다름 아닌 강희맹 본인이다. 그래서 강희맹은 자신이 쓴 답안지와 함께 임금이 출제한 책문을 기록으로 남겨둘 수 있었다. 실록에는 없는 기록이다.

이 책문에 대한 강희맹의 답안 내용을 잘 살펴보면 세종의 인재관이 보인다. 임금이 장원급제로 낙점한 답안이기 때문이다.

인재는 천하에 널려 있습니다. 다만 임금이 널리 구해 쓰지 못하기 때문에 인재가 없다고 하는 것입니다. 세상에 완전한 사람은 없고 완벽하게 능력을 갖춘 사람도 없습니다. 그들을 뽑아서 적재적소에 잘 배치해 능력을 발휘하도록 하는 것이 임금이 인사에서 해야 할 가장 중요한 과제입니다. 사람이란 한 가지 허물이 없는 사람이 없습니다. 그 허물을 가지고 책망을 한다면 비록 유능한 사람이라도 당해내지 못합니다. 단점을 버리고 장점을 취하는 것, 이것이 가장 중요한 인사의 원칙입니다. 이 원칙에 따라 인재를 쓰면 탐욕스런 사람과 청렴한 사람 모두를 인재로 골라 쓸 수 있습니다.

_강희맹, 《사숙재집》

강희맹이 답안에서 제시한 핵심 포인트는 "사람이 가진 단점보다는 장점을 크게 보라"는 것이다. 단점에 치우치다 보면 제아무리 뛰어난 능력을 가진 사람도 인재로 발탁될 수 없지만 장점을 위주로 사람을 보면 사소한 허물보다는 능력을 더 크게 보아 인재를 두루 발탁해서 쓸 수 있다는 게 답안의 요지였다. 바로 세종이 바라던 답안이었으니, 장원급제 낙점은 당연했다.

21

의심나면 맡기지 않되 맡겼으면 의심하지 않다

세종 1년(1419), 1월 11일자 실록에는 흥미로운 기사가 하나 실려 있다. 예조판서 허조와 의정부 참찬 김점이 벌인 리더십 논쟁이다. 이 논쟁을 통해 우리는 세종이 바람직하게 여기는 리더십 유형과 함께 인사 원칙을 엿볼 수 있다.

허조와 김점 두 사람은 바람직한 군왕의 리더십을 주제로 격론을 벌였다. 의정부 참찬은 요즘으로 치면 국무총리실 국무조정실장 격인 장관급으로, 정2품의 판서와 같은 반열이었다. 품계가 같은 허조와 김점은 대등한 입장에서 격의 없는 토론을 벌일 수 있었다. 술잔이 여러 순배 돌았다는 실록의 표현으로 보아 두 사람 모두 술이 거나하게 취한 것으로 보인다.

그래서 임금이 지켜보는 자리인데도 불구하고 격론을 벌인 것인데, 조선 최고의 토론 배틀이라고 할 수 있다.

> 편전에서 정사를 보고 술상을 마련하여, 여섯 순배를 나누고 파하였다. 참찬 김점이 아뢰기를, "전하께서 하시는 정사는 마땅히 금상 황제의 법도를 따라야 될 줄로 아옵니다." 하니, 예조판서 허조는 아뢰기를, "중국의 법은 본받을 것도 있고 본받지 못할 것도 있습니다." 하였다. 김점은 아뢰기를, "신은 황제가 친히 죄수를 끌어내어 자상히 심문하는 것을 보았습니다. 전하께서도 본받기를 바라옵니다." 하니, 허조는 아뢰기를, "그렇지 않습니다. 관을 두어 직무를 분담시킴으로써 각기 맡은 바가 있사온데, 만약 임금이 친히 죄수를 결제하고 대소를 가리지 않는다면, 관을 두어서 무엇하오리까." 하였다. 김점은 아뢰기를, "온갖 정사를 전하께서 친히 통찰하시는 것이 당연하옵고 신하에게 맡기시는 것은 부당하옵니다." 하니, 허조는 "그렇지 않습니다. 어진 이를 구하기 위하여 노력하고, 인재를 얻으면 편안해야 하며, 맡겼으면 의심을 말고, 의심이 있으면 맡기지 말아야 합니다. 전하께서 대신을 선택하여 육조의 장을 삼으신 이상, 책임을 지워 성취토록 하실 것이 마땅하며, 몸소 자잘한 일에 관여하여 신하의 할 일까지 하시려고 해서는 아니 됩니다." 하였다.
>
> _《세종실록》 1419. 1. 11.

논쟁에서 김점은 만기친람(萬機親覽)의 리더십이 바람직하다는 의견을 내놓았다. 임금이 모든 정사를 몸소 살펴 처리해야 한다는 주장이다. 김점은 명나라 황제를 알현했을 당시의 경험담을 소개하면서 임금이 모든 사안을 손수 챙기는 전제적 리더십을 주문했다. 이에 반해 허조는 위임의 리더십이 바람직하다는 주장을 폈다. 일단 인재를 발탁했으면 그 인재를 믿고 실무는 전적으로 맡겨야 한다는 주장이다. 임금은 큰 틀과 방향만 제시하고 실무행정은 담당 관리에게 포괄적으로 위임해야 한다는 것이 허조의 논지였다.

기사 말미에 실린 사관의 평에 보면, 임금은 위임형 리더십이 바람직하다는 허조의 손을 들어주었다.

> 김점은 발언할 적마다 지리하고 번거로우며, 노기만 얼굴에 나타나고, 허조는 서서히 반박하되, 낯빛이 화평하고 말이 간략하니, 임금은 허조를 옳게 여기고 김점을 그르게 여겼다.
>
> _《세종실록》 1419. 1. 11.

사관은 두 사람의 논쟁 태도, 발언할 때의 얼굴 표정, 목소리 등을 근거로 임금이 허조의 손을 들어준 것으로 기록하고 있지만 중요한 것은 논쟁 내용이다.

세종은 임금이 시시콜콜 국정 현안에 손수 개입해야 한다는 김점의 주장보다 인재를 뽑았으면 믿고 맡겨야 한다는 허조의 주장이 옳다고 봤다. 허조의 주장에는 바람직한 군왕의 인재관과 리더십 유형이 잘 제시되어 있다. 실제로 세종은 인재를 그렇게 뽑아 썼으며, 그런 원칙으로 국정을 운영했다. 세종 치세를 대표하는 명신(名臣)으로 평가되는 황희, 장영실, 김종서, 박연 등은 세종의 이런 인사 원칙과 리더십이 배출한 인재다.

"의심이 나면 쓰지 않고, 썼으면 의심하지 않는다"는 세종의 리더십은 오늘날 글로벌 기업의 CEO들에게도 널리 영향을 미쳤다. 삼성그룹을 창업한 이병철도 '의인물용 용인물의(疑人勿用 用人勿疑)' 여덟 글자를 새겨 용인의 금과옥조로 삼았다.

"리더가 무위해야 일을 맡은 사람이 책임감을 가진다(無爲也則任事者責矣)."

《장자》에 나오는 구절이다. 장자의 말 그대로 임금 세종은 자신이 발탁한 인재들에게 무한 신뢰로 권한을 위임했다. 그래서 세종의 신하들은 하나같이 나랏일을 자신의 일로 여겨 최선을 다했다.

세종은 신하와 치열한 토론을 통해 국정의 큰 가닥만 잡고 세부 실무는 신하에게 전임했다. "그대가 알아서 전장하라." 국정 총괄은 황희에게, 국방은 김종서에게, 과학은 장영실에게, 음악은 박연에게 전적으로 일임하는 식이다. 일을 추진하는 과정에서 작은 허물이 있어도 원칙에서 크게 벗어나지 않으면 탓하지 않았으며, 특히 밤낮으로 오랑캐를 대적해야 하는 국방 분야에서는 위임과 면책의 범위를 대폭 확대시켰다. 황희는 아흔을 바라보도록 국정에 헌신했고, 김종서는 예순이 넘도록 변방을 꿋꿋이 지켰다.

앞에서 말했다시피 임금과 사사건건 부딪치면서도 내내 크게 쓰인 끝에 정승에 이르기까지 오래 임금 곁을 지킨 허조는 죽으면서 임금 때문에 행복하게 눈을 감는다고 했다.

"임금은 내가 간하면 들어주셨다. 나는 국가의 일을 내 책임으로 여기며 살았다. 나는 행복하게 눈을 감는다."

이쯤 되면 감동의 리더십이다. 이런 심모원려의 인재관과 위임의 리더십은 현대 조직문화가 갈 길을 보여준다는 점에서 큰 의의가 있다.

22

포용의 리더십으로 정적까지도 껴안다

임금의 장인 심온이 중국 사신으로 떠날 때 한양 거리는 그를 환송하는 인파로 인산인해를 이루었다. 이를 본 상왕 태종은 심온이 중국에 가 있는 동안 그를 역모사건의 수괴로 만들어 제거했다. 역모의 뚜렷한 증좌도 없고 명분도 약해서 무리한 감은 있지만 외척의 발호를 사전에 차단하기 위해 과감하게 칼을 빼든 것이다.

이때 태종의 의도를 간파하고 심온의 옥사 실무를 주도한 인물이 유정현과 박은 두 사람이다. 이긍익은 《연려실기술》에서 "유정현과 박은이 애초부터 심온과 더불어 권세를 다투어 서로 좋지 못하더니 온갖 방법으로 모함하여 아뢰었다"고 했다. 심온은 두 사람에게 한을 품은 채 세상을 떠났다. 사약을 마시기 전에 심온은 "대대로 박씨와는 혼인하지 말라"는 유언을 남기기도 했다.

장인의 억울한 죽음에도 임금은 입을 꾹 다물고 표정 하나 변하지 않았다. 서슬이 퍼런 상왕이 하는 일에 섣불리 속마음을 드러냈다가는 자신의 지위마저 안전을 장담할 수 없기 때문이다. 임금은 중전 심씨를 위로하면서 자신의 때를 묵묵히 기다렸다.

마침내 상왕이 승하하고 임금의 친정이 시작되었다. 유정현과 박은은 결코 무사할 수 없는 처지였다. 박은은 태종 생전에 병사하여 직접 죄를 물을 수 없다 해도 그때까지 살아 있던 유정현은 죽을 각오를 해야 했다. 임금은 얼마든지 유정현에게 무리한 옥사의 책임을 물을 수도 있었지만 그렇게 하지 않았다. 복수의 칼을 빼드는 대신 그를 용서하고 포용했다. 임금은 유정현이 세상을 떠날 때까지 영의정과 영돈녕 자리에 두었다. 세자 교체 당시 영의정 유정현이 택현의 논리를 들고 나와 자신을 지지한 공에 대한 보은의 마음에서 그랬을 수도 있겠지만, 취임 이후 유정현의 과거를 일체 언급하지 않은 점으로 미뤄보건대 포용의 리더십이 크게 작용한 때문이었다.

세종의 남자로 불리는 황희 정승도 실은 애초에 세종의 정적이었다. 황희는 세자 양녕의 방탕이 극에 이르렀는데도 끝까지 적극 나서서 세자를 옹호했다. 충녕으로 세자를 교체할 때 당시의 일을 떠올린 태종은 황희가 미래권력에 아첨하려 했다며 남원으로 유배를 보냈을 정도였다.

하지만 세종은 친정을 시작한 후 그런 황희를 적극 껴안았다. 다

수 신하들의 반대의견에도 불구하고 임금은 그를 정2품 의정부 참찬에 중용했다. 그리고 강원도에 기근이 심해지자 그를 강원도 관찰사로 파견했다. 황희는 현지의 기근 현황을 정밀하게 조사한 후 적극적인 구황정책을 폈다. 임금은 이때부터 황희를 더욱 신뢰했으며, 재임 기간 내내 그를 중용했다.

황희도 임금처럼 도량이 관대했다. 옥사를 처리할 때 황희는 "형벌을 가볍게 해서 실수하는 일이 있더라도 억울한 형벌을 가해서는 안 된다"고 했다.

> 익성공 황희는 도량이 넓어 자잘한 일에 구애되지 않았으며 나이가 많고 지위가 높아질수록 더욱 더 겸손했다. 마당에 복숭아가 잘 익으니 아이들이 와서 복숭아를 땄다. 방에서 책을 읽고 있던 황희는 나지막한 소리로 이렇게 말했다. "다 따가지는 말거라. 나도 하나 먹어보게." 아침저녁으로 식사를 할 때 아이들이 모여들면 밥을 들어서 주었고, 아이들이 웃고 떠들면서 소리를 질러도 공은 그저 웃으며 쳐다볼 뿐이었다. 재상이 된 지 20년 동안 조정은 공에게 의지하여 공을 중히 여겼으니 개국 이후 공적을 논하는 사람들은 모두 공을 최고의 재상이라고 평했다.
>
> _성현, 《용재총화》

23

출신 성분에 구애됨 없이 중용하다

세종은 인재를 발탁하는 기준부터가 남달랐다. 출신 성분보다는 철저하게 능력 위주로 인재를 발탁했다. 인사에서의 이런 원칙도 지식경영을 성공시킨 요인 중 하나였다.

세종 1년(1419) 8월, 임금은 박자청을 의정부 참찬으로 영전시켰다. 박자청은 천인 출신이었지만 나라 안의 중요한 건축공사를 도맡아서 처리할 정도로 능력이 뛰어났다. 태종 치세에 박자청은 궁궐 건물의 신축과 개보수 등을 솜씨 좋게 처리한 공로로 벼슬이 공조판서에 이르렀다. 세종이 천인 출신 박자청을 고위 요직에 발탁하자 사대부들이 들고 일어났다.

대사헌 허지가 지신사 하연에게 말하기를, "의정부는 도리를 논란하고 국사를 경륜하여 그 직임이 가볍지 않거늘, 이제 박자청으로 참찬에 임명하였으니, 성조에서 인재를 선임하는 뜻에 있어 어떠할까요." 하였다. 하연이 임금에게 이 말을 아뢰니, 임금이 말하기를, "자청은 사람됨이 질직(質直)하고 근로하여 상왕이 그를 신임한 것이다." 고 하였다. 박자청은 성품이 가혹하고 각박하여 어질게 용서함이 없으며, 미천한 데서 일어나 다른 기능이 없고, 다만 토목 공사를 감독하는 수고로 지위가 재부(宰府)에까지 이르렀으나, 여러 사람의 뜻을 압복시킬 수는 매우 없었다. 그리하여 허지가 그와 같이 말한 것이나, 허지는 풍헌(風憲)의 장으로 있어서, 자청은 상왕의 총애를 받는 자라고 꺼리어 약간 풍자만 하고 힘 있게 말하지 아니하니, 허지도 역시 언관의 체통을 잃었다고 할 것이다.

_《세종실록》 1418. 9. 17.

조신들은 천인 출신의 박자청이 고위 관직에 오르자 노골적으로 불만을 표시했다. 대사헌으로 있던 허지는 지신사(도승지) 하연을 통해 박자청의 참찬 임명이 부적절하다고 비판했고, 사관은 한술 더 떠 허지가 상왕 태종의 눈치를 보느라 좀 더 강하게 주청하지 못했다며 싸잡아 비판하고 있다. 하지만 임금은 박자청의 성품이 곧고 바르며 기술자로서 혁혁한 공을 세웠다며 옹호했다. 그러자 사헌부에서는 궁궐 축조 과정에서 박자청의 사소한 실수를 빌미로 탄핵 상소를 줄기차게 올렸고, 임금은 어쩔 수 없이 박자청을 파면했다. 그렇지만 두 달 후 임금은 박자청에게 사면령을 내려 다시 궁궐의 건축 책임자로 기용했다. 이번에도 신하들은 줄기차게 박자청을 공격하는 상소를 올렸지만 그때마다 임금은 이를 물리쳤다.

박자청이 병으로 세상을 떠나자 임금은 참으로 애석해했다. 세종은 인재를 아껴 출신 성분에 구애받지 않고 오직 능력으로 평가했다.

> 임금이 박자청에게 치제(致祭)하니, 그 글에 이르기를, "신하로서 사절을 다해서 국가에 공로가 있었고, 임금은 은혜를 베풀어 시종 애도와 영광의 은전을 다한다. 생각하건대, 경이 강의한 자질과 근검한 덕으로 군문에서 일어나서 성조의 지우를 받아, 절개와 힘을 다하여 모시고 따른 것이 여러 해가 되었다. 이로 말미암아 공신의 녹권을 내려서 후히 포상하였던 것이다. 소고를 섬김에 미쳐서는 더욱 충성을 다하니, 무릇 경영함이 있을 때는 감동 보호하지 않는 것이 없었으되, 밤낮으로 해태하지 않고 그 직분을 생각하여 극진히 하였다. 이에 근실하게 복사함을 가상히 여기시어, 특히 전토를 내리시고 높은 품질에 올리셨다. 내가 즉위한 이후에도 경이 또한 힘을 다한 바 많으니, 여러 대에 벼슬하면서 길이 한마음으로 섬겼던 것이다. 응당 높은 수를 누리리라 하였더니, 어찌 작은 병이 낫지 않았던고. 실로 애석함을 금할 길이 없어 사람을 보내어 대신하여 궤연에 치전하노라." 라고 하였다.
>
> _《세종실록》 1423. 11. 19.

세종 때 눈부신 활약을 펼친 천재 과학자 장영실도 천출이었다. 아버지는 원나라에서 귀화한 기술자이고 어머니는 동래의 관노였다. 하지만 임금은 장영실의 출신에 구애받지 않고 그를 기술 관료로 특채하여 과학발명품 연구개발 프로젝트를 총괄하는 팀장을 맡겼다.

세종 3년(1421), 임금은 장영실을 명나라에서 천문을 관장하는 사천감으로 유학을 보내 그곳에서 천체물리학을 공부하게 했다. 노비 출신을 국비장학생으로 선발한 것이다. 유학을 마치고 귀국한 장영실은 세종 7년(1425) 물시계를 만들어 임금의 지식경영 리더십에 부응했다. 임금은 칭찬을 아끼지 않았다. "참으로 장하다. 장영실이 중한 보배를 만들었으니 그 공이 참으로 뛰어나다."

크게 기뻐한 임금은 장영실을 면천하고 벼슬까지 주었다. 세종 15년(1433) 9월, 장영실이 보다 정확한 물시계 자격루를 완성하자 장영실의 벼슬을 정4품 호군, 종3품 대호군으로 연속으로 높였다. 노비 출신으로는 실로 파격적인 승진이었다.

안숭선에게 명하여 영의정 황희와 좌의정 맹사성에게 의논하기를, "행 사직(行司直) 장영실은 그 아비가 본래 원나라의 소주·항주 사람이고, 어미는 기생이었는데, 공교한 솜씨가 보통 사람에 뛰어나므로 태종께서 보호하시었고, 나도 역시 이를 아낀다. 영실의 사람됨이 비단 공교한 솜씨만 있는 것이 아니라 성질이 똑똑하기가 보통에 뛰어나서, 이제 자격궁루를 만들었는데 비록 나의 가르침을 받아서 하였지마는, 만약 이 사람이 아니었더라면 암만해도 만들어 내지 못했을 것이다. 내가 들으니 원나라 순제 때에 저절로 치는 물시계가 있었다 하나, 만듦새의 정교함이 아마도 영실의 정밀함에는 미치지 못하였을 것이다. 만대에 이어 전할 기물을 능히 만들었으니 그 공이 작지 아니하므로 호군(護軍)의 관직을 더해 주고자 한다."

_《세종실록》 1433. 9. 16.

세종은 장영실이 비록 노비 출신이지만 솜씨가 워낙 뛰어나 국가의 과학기술 발전에 크게 기여했다고 평가한다. 특히 장영실이 발명한 자격루가 중국의 물시계보다 더 정밀하다고 칭찬하면서 그 공로를 높이 사서 장영실에게 호군의 벼슬을 내린다고 말했다. 눈여겨볼 대목은 세종이 장영실의 관직 제수를 결정하면서 영의정 황희와 좌의정 맹사성 등과 의논했는데 황희와 맹사성도 장영실의 출신 성분을 이유로 반대하지 않았다는 사실이다.

호군은 조선시대 오위(五衛)의 정4품 무관이다. 그런데 인용한 실록 서두에 "행 사직 장영실은…"라는 대목이 나온다. 사직 역시 오위의 관직이지만 정5품으로 호군보다 낮은 품계다. 행(行)은 겸직의 뜻이다. 그러니까 정4품 호군 벼슬의 장영실이 더 낮은 품계인 사직을 겸직하고 있음을 보여주는 대목이다.

이처럼 높은 벼슬인 대관(大官)의 직이 낮은 벼슬인 소관(小官)의 직을 겸하는 것을 행(行)이라 하고, 소관의 직이 대관의 직을 겸하는 것을 수(守)라고 한다. 가령, 정2품의 이조판서가 정1품의 도

제조를 겸하게 되면, 수 도제조(守都提調)라고 한다. 겸직의 벼슬은 대개 실직이 아니라 명예직으로 했다.

> 황희 등이 아뢰기를, "김인은 평양의 관노였사오나 날래고 용맹함이 보통 사람에 뛰어나므로 태종께서 호군을 특별히 제수하시었고, 그것만이 특례가 아니오라, 이 같은 무리들로 호군 이상의 관직을 받는 자가 매우 많사온데, 유독 영실에게만 어찌 불가할 것이 있겠습니까." 하니, 임금이 그대로 따랐다.
>
> _《세종실록》 1433. 9. 16.

황희도 서얼 출신이라 출신 배경에 대한 편견이 없었으며, 맹사성은 양반 출신이었지만 사고가 유연해 여느 신하들과 달랐다. 황희와 맹사성 두 사람이 세종 치세에서 중용된 것은 인재관이 임금의 코드와 잘 맞았기 때문이기도 하다.

무인으로 세종 때 벼슬이 2품까지 오른 윤득홍, 송희미 같은 장군도 천인 출신이다. 사헌부에서 특히 윤득홍의 출신을 문제 삼았지만 이때도 임금은 흔들리지 않고 그를 신뢰했다. 윤득홍이 일흔이 넘어 사직을 청했을 때도 허락하지 않았다. 군사전문가로서 그의 능력을 아꼈기 때문이다.

24

도덕적 허물보다는 능력을 더 크게 사다

예나 지금이나 공직자에게는 엄격한 윤리 기준이 적용된다. 국민의 본보기가 되어야 할 공직자가 도덕적 흠결 때문에 세간의 지탄을 받게 되면 직무를 제대로 수행하기 어렵기 때문이다. 그러나 앞서 강희맹이 책문의 답안에서 언급했듯이 단점을 지나치게 부각시키다 보면 능력을 충분하게 발휘하지 못한다는 딜레마에 빠지기도 한다. 그래서 도덕적 허물보다는 능력을 더 크게 보는 거시적 시각이 필요한 경우도 있다. 세종 치세에도 공직자에게 어느 정도 수위의 도덕적 잣대를 적용해야 할지를 두고 논란이 있었다.

상참을 받고 정사를 보았다. 임금이 좌우의 신하들에게 이르기를,

"장리(贓吏)의 자손을 어떤 이는 등용하여야 한다고 하고, 어떤 이는 등용하여서는 안 된다고 하니, 마땅히 일정한 법을 세워야 되겠는데, 만약 등용한다고 하면 어떤 벼슬을 주어야 하겠는가." 하니, 안숭선이 아뢰기를, "장리의 자손을 상례대로 다 서용한다면 탐오한 자들이 꺼려하는 것이 없을 것이니, 비록 등용하지 않는다 하더라도 좋을 것입니다." 하고, 김종서는 아뢰기를, "마땅히 등용하여야 합니다."고 하니, 세 의정 대신에게 의논하도록 명하였다. 황희·맹사성 등은 아뢰기를, "옛 사람은 '덕을 따라 행실을 고친다.' 하였고, 또 '아비가 천하고 악한 짓을 하였다.'고 말한 것이 있습니다. 옛 사람들이 사람을 쓰는 것은 세계(世系)나 친속(親屬)의 일에는 구애하지 않는 것이 오래입니다. 비록 장리의 자손일지라도 진실로 현능하다면 써야 할 것입니다."

_《세종실록》 1432. 5. 14.

장리란 뇌물을 받은 관리를 말한다. 장리의 후손에게 연좌제를 적용해서 공직 임용을 제한해야 하는지를 놓고 임금은 신하들의 의견을 구한다. 도승지 안숭선은 제한하는 편이 좋겠다고 한 반면에 김종서·황희·맹사성 등은 제한을 두지 말아야 한다고 했다. 임금은 다수의 의견을 좇아 행했지만 이후에도 논란은 끊이지 않았다. 청렴을 중요한 가치로 생각하는 조신들의 반대 여론이 만만치 않았던 것이다.

세종도 이 문제를 놓고 다각도로 고민했다. 고민 끝에 내린 결론은 사소한 도덕적 허물보다는 능력을 더 크게 봐야 한다는 쪽이었다. 물론 일률적으로 그런 기준이 적용되지는 않았지만 국가의 핵심 인재 가운데 그런 문제가 제기되었을 때 임금은 능력에 방점을 찍고 일할 수 있는 기회를 주었다.

조말생이 대표적인 경우다. 조말생은 태종 때 치른 과거시험에서 장원급제했다. 행정에 탁월한 능력을 발휘했고, 특히 병조판서로 있으면서 파저강의 여진족 토벌에 큰 공을 세웠다. 조말생의 공직생활에 위기가 찾아온 것은 세종 8년(1426)이었다. 사헌부에서는 조말생이 대언(승지)으로 근무할 당시 노비 24명을 뇌물로 받았다며 그를 탄핵했다.

> 조말생은 갑오년에 형방 대언으로 있으면서 노비에 대한 소송 문제를 도맡아서 왕명을 출납하였는데, 그때에 김도련이라는 자가 변정도감에 소송할 때에, 말생은 뒤에서 몰래 그를 조종하였고, 또 그를 위하여 청탁하여 주었으며, 판결을 받은 뒤에 24명의 노비를 증여받았습니다.
>
> _《세종실록》 1426. 3. 4.

조선시대의 노비는 재물로 취급되어 사고팔 수가 있었다. 요즘의 시장가격으로 치면 세종 시대의 노비는 수천만 원의 가치가 있었다. 따라서 24명이면 10억대의 뇌물을 받은 셈이다. 세종은 공직자들 사이에서 뇌물이 공공연하게 횡행하는 것은 큰 문제라며 조말생의 직첩을 회수하고 충청도로 유배를 보낸다.

하지만 눈여겨볼 것은 이후 세종의 행보다. 세종은 조말생을 곧 복귀시킨다. 파저강의 여진족이 국경을 넘는 일이 잦아지면서 국가 안보가 심각한 위기에 빠지자 세종은 조말생을 복귀시켜 여진족 토벌 임무를 맡긴다. 도덕적 흠결보다는 능력에 더 큰 방점을 찍은 인사 조치였다. 실제로 조말생은 임금의 기대에 부응하여 임무를 훌륭하게 수행한다.

세종 치세에서 가장 오래 정승을 지낸 황희에게도 크고 작은 허물이 있었다. 황희는 지혜로운 재상이자 청백리의 상징으로 널리 알려졌지만 그에게도 이런 저런 흠결이 있었다. 황희는 사위 서달의 살인사건의 진범을 조작해 파직당하기도 했으며, 대사헌으로 있을 때는 승려 설우로부터 황금을 뇌물로 받아 '황금대사헌'이라는 부끄러운 별명을 얻기도 했다. 그뿐 아니라 반역 혐의로 처결된 박포의 아내와 간통했으며, 매관매직으로 뇌물을 챙기기도 했다.

> 황희는 판강릉부사 황군서의 얼자였다. 김익정과 더불어 서로 잇달아 대사헌이 되어서 둘 다 중 설우의 금을 받았으므로, 당시의 사람들이 '황금대사헌'이라고 하였다. 또 난신 박포의 아내가 죽산현에 살면서 자기의 종과 간통하는 것을 우두머리 종이 알게 되니, 박포의 아내가 그 우두머리 종을 죽여 연못 속에 집어넣었는데 여러 날 만에 시체가 나오니 누구인지 알 수가 없었다. 현관이 시체를 검안하고 이를 추문하니, 정상이 드러날 것을 두려워한 박포의 아내는 도망하여 서울에 들어와 황희의 집 마당 북쪽 토굴 속에 숨어 여러

해 동안 살았는데, 황희가 이때 간통하였으며, 포의 아내가 일이 무사히 된 것을 알고 돌아갔다. 황희가 장인 양진에게서 노비를 물려받은 것이 단지 3명뿐이었고, 아버지에게 물려받은 것도 많지 않았는데, 집안에서 부리는 자와 농막에 흩어져 사는 자가 많았다. 정권을 잡은 여러 해 동안에 매관매직하고 형옥을 팔아 뇌물을 받았으나, 그가 사람들과 더불어 일을 의논하거나 혹은 고문에 대답하는 등과 같을 때에는 언사가 온화하고 단아하며, 의논하는 것이 다 사리에 맞아서 조금도 틀리거나 잘못됨이 없으므로, 임금에게 무겁게 보인 것이었다.

_《세종실록》 1428. 6. 25.

사관의 기록을 다 믿을 수는 없지만 야담이 아니라 실록에 기록된 내용이니 전혀 터무니없지는 않을 것이다. 황희는 자신에 대한 이런 나쁜 소문들이 떠돌자 임금에게 사직을 청했다. 임금은 시중의 뜬소문일 뿐이라며 사직을 허락하지 않았지만 황희는 한동안 출근하지 않았다. 이어지는 실록의 기록으로 볼 때 임금도 황희의 그런 허물을 대략은 알고 있었던 것으로 보인다.

요즘의 국무총리에게 그런 정도의 허물이 있다면 당장 사퇴해야 했겠지만 당시는 양반사회라서 도덕적 기준이나 여러 가지 조건이 오늘날과는 많이 달랐다. 더구나 세종은 조말생의 사례에서 보았듯이 웬만한 도덕적 허물보다는 능력을 더 크게 보았다. 황희의 사직서를 반려하면서 건넨 임금의 말에도 그런 취지가 농후하다.

경은 세상을 다스려 이끌 만한 재주와 실제 쓸 수 있는 학문을 지니고 있도다. 모책은 일만 가지 사무를 종합하기에 넉넉하고, 덕망은 모든 관료의 사표가 되기에 족하도다. 아버님이 신임하신 바이며, 과인이 의지하고 신뢰하는 바로서, 정승되기를 명하였더니 진실로 온 나라의 첨시하는 바에 부응하였도다. 묘당(廟堂)에 의심나는 일이 있을 때이면 경은 곧 시귀(蓍龜)이었고, 정사와 형벌을 의논할 때이면 경은 곧 권형(權衡)이었으니, 모든 그때그때의 시책은 다 경의 보필(輔弼)에 의지하였도다. 이제 어찌 뜬소문 때문에 갑자기 대신의 임무를 사퇴하려 하는가. 내가 이미 그 사정을 잘 알고 있는데도, 경은 어찌 그다지도 개의하고 심려하는가. 과인이 경에게 책임을 맡기고 성취를 요구하는 뜻에 매우 어긋나도다.

_《세종실록》 1428. 6. 25.

시귀는 점치는 책, 권형은 저울을 말한다. 조정에서 풀기 어려운 숙제가 생길 때마다 황희는 귀신처럼 답을 찾았고, 정사와 형벌을 논할 때에도 황희는 저울처럼 정확하게 해법을 제시했다. 임금은 이런 황희에게 국사를 거의 맡기다시피 했다. 그래서 황희의 사직서를 극구 반려했다. 임금이 이때 황희의 도덕적 허물을 능력보다 더 크게 봤더라면 그 유명한 '황희 정승'은 없었을 것이다. 실록의 기록을 보면 이후 황희에 대한 도덕적 시비는 일체 없다. 황희는 임금의 배려를 깊이 새겨 책잡힐 언행을 삼갔으며, 국가를 위해 봉사하고 헌신하는 공직자로서 본분을 다했다.

25

문무를 겸비한 신하를 우대하다

김종서는 6진을 개척했다. 그는 오랜 세월 변방 사령관으로 복무하면서 건국 초기 조선의 국방을 튼튼하게 만든 상징적인 인물이다. 그래서 흔히 무장으로 알고 있지만 문관 출신이다. 아버지가 무인이라 용맹한 기질을 타고나긴 했지만 문과 급제로 벼슬에 들었다.

김종서가 강원도와 충청도 지역의 감찰관으로서 두드러진 활약을 보이자 세종은 조정으로 불러 올려 중용하기 시작했다. 사간원 우정언, 사헌부 지평, 이조 정랑 등 이른바 청요직을 거친 김종서는 1427년 정4품 의정부 사인(舍人)으로 승진했다. 사인은 임금의 뜻을 의정부에 전하고, 삼정승의 의견을 수합해서 다시 임금에게 보고하는 요직이었다.

김종서는 불의를 보고 그냥 넘기지 못하는 원칙주의자였다. 그래서 간혹 임금과 마찰을 빚기도 했다. 특히 양녕의 처리 문제를 놓고는 임금과 격하게 대립했다. 1428년 사헌부 집의로 있던 김종서는 양녕의 직첩을 회수하고 궁궐 출입을 엄격하게 금하라는 상소를 올렸다. 하지만 임금은 형제간의 일은 법률로 논할 바가 아니라며 받아들이지 않았다.

공방을 벌이던 김종서는 결국 출근 거부 투쟁으로 맞섰으며, 임금은 김종서가 업무상 기밀 누설 사건에 연루되자 이를 문제 삼아 파직했다. 하지만 이듬해 임금은 김종서를 다시 불렀다. 강직한 성품과 탁월한 업무 능력을 높아 사 우부대언에 임명했다. 정3품 당상관으로 승진 발령한 것이다. 승정원(임금의 비서실)의 우부대언은 형조의 일을 분장하여 관할했는데, 이때도 김종서는 깐깐한 원칙주의자로 명성을 날렸다. 그 후 김종서는 좌승지에 임명돼 승정원 핵심으로 발돋움했다.

승정원(承政院)은 승추부(承樞府)가 태종 때 개편되면서 왕권 강화 차원에서 독립기구로 부활했는데, 세종 때 그 뼈대를 갖췄다. 왕명을 출납하는 기구의 명칭이 바뀌면서 소속 고위 관직명도 바뀌어, 지신사(知申事)는 도승지(都承旨), 대언(代言)은 승지(承旨)로 바뀌었다. 앞에서 말한 우부대언은 우부승지다.

승정원은 6승지 체제로 돌아갔는데, 업무를 분장하여 도승지는 이조, 좌승지는 호조, 우승지는 예조, 좌부승지는 병조, 우부승지는 형조, 동부승지는 공조를 맡게 하였다. 각 승지의 담당 업무는 왕명에 따라 융통성 있게 변경될 수 있었다. 지금의 청와대 비서실장 및 수석비서관 체제라고 보면 된다. 가끔 종2품이 승지로 임명되는 경우도 있지만 대개 6승지는 모두 정3품으로 품계가 같다. 다만, 직책상 도승지가 승정원의 장으로 전체를 관할한다.

세종은 중풍으로 자리에 누워 있을 때 김종서만을 밤낮으로 곁에 머물게 하면서 조정에 왕명을 전달하도록 했다. 세종 15년(1433) 12월, 임금은 김종서로 하여금 자신을 대신해 중국 사신을 접대하도록 했다. 김종서에 대한 임금의 신뢰는 그만큼 깊었다.

김종서가 북방 개척 임무를 본격 수행하기 시작한 것은 세종 15년이다. 임금은 김종서를 함길도 관찰사로 파견하여 북방의 일을 맡겼다. 그 자리는 무관 출신을 임명하는 것이 관례였지만 북방지역 특성상 문무를 겸비한 김종서를 적임자로 판단한 것이다. 북방의 여진족을 무조건 힘으로만 제압해서는 안 된다는 것이 임금의 생각이었고, 황희를 비롯한 조신들도 같은 생각이었다. 1433년 그믐달 한겨울, 김종서는 쉰을 넘긴 나이에 임금의 명을 받고 묵묵히 국방의 최전선으로 떠난다. 양력으로는 1434년 1월이다. 임금은 김종서를 친히 불러 털옷과 털모자를 내렸다. 김종서는 심경을 한 편 시로 토로했다.

삭풍은 나무 끝에 불고
명월은 눈 속에 찬데
만리변성에 일장검 짚고 서서

긴 휘파람 큰 한 소리에

거칠 것이 없어라.

북방 지역 주민들 사이에서 김종서는 '대호(大虎)'로 불렀다. 그만큼 위세가 대단했다. 임금은 그런 김종서를 무려 12년 동안이나 북방의 호랑이로 묶어두었다. 김종서로서는 해도 너무한다는 불만이 있을 수 있고 임금으로서는 미안한 마음이 컸겠지만 당시 엄중한 북방의 일을 감당하기에는 김종서 말고는 달리 대안이 없었다.

그런 만큼 임금은 김종서를 더욱 세심하게 챙겼다. 비록 변방에 장수로 파견 가 있는 몸이었지만 형조판서를 겸직시켜 공로를 치하하는 등 애써 고맙고 미안한 마음을 표현했다.

한편 김종서는 북방에 가 있는 동안 임금에게 수시로 장계를 올려 변방의 상황을 상세하게 보고했다. 임금은 각별한 마음을 담은 답신에서 김종서의 노고를 치하하면서 변방 개척에 관한 자신의 견해를 전했다.

김종서는 한 치의 영토도 적에게 내줄 수 없다는 굳은 신념으로 북방 수호에 임했고, 임금은 그런 신하를 무한 신뢰했다.

임금이 내전에서 친히 글월을 만들고, 동궁으로 하여금 이를 쓰게 하여 내수에게 주어서 김종서에게 보냈다. 그 글월에 말하기를, "내가 구중에 깊이 거처하고 있어 도내의 일을 멀리서 짐작만 할 뿐이며 그 실정은 자세히 알 수 없다. 경은 이와 같은 일에 대하여 익히 생각해 본 지가 오랠 터이니, 네 진을 설치한 것이 장차 공효가 있겠는가. 백성의 재력이 장차 다할 것인가. 백성의 원망이 날로 더욱 더할 것인가. 네 진의 민심이 장차 안정될 것인가." 하였다. 종서도 역시 손수 글월을 써서 밀봉하여 아뢰기를, "성상께서 말씀하시기를, '조종께서 지키시던 땅은 비록 척지촌토라도 버릴 수 없다.' 하시어, 불가함을 고집하여 여러 의논을 따르지 않으셨습니다. 그 뒤에 그 의논이 다시 일어나서 떠들썩하기를 마지아니하였습니다. (중략) 성상께서는 빨리 이루는 것을 구하시지 마시옵고 작은 이익을 귀히 여기시지 마시오며, 작은 폐단을 계교하시지 마시옵고 작은 근심을 염려하시지 마시와, 세월을 쌓아 오래도록 기다리시면 뜬 말이 저절로 없어지고 민심이 자연히 안정될 것이며, 민폐가 자연히 제거되고 백성의 원망이 자연히 근절되어, 백성의 먹을 것이 자연히 넉넉해지고 병력이 자연히 강해져서, 도둑이 자연히 굴복되어 새 읍이 영원히 견고하게 될 것입니다." 하였다. 임금이 다 보고 나서 즉시 중관 엄자치를 보내어 명하기를, "내가 북방의 일에 대하여 밤낮으로 염려하기를 마지아니하였는데, 이제 경의 글월을 보니 가히 걱정이 없겠다." 하고, 곧 어의 한 벌을 내려 주었다.

_《세종실록》 1437. 8. 6.

세종은 북방 개척 당시 국경 인근의 민심이 동요하자 성과를 반신반의하며 우려하는 편지를 김종서에게 보냈다. 이에 김종서는 현지 사정을 소상하게 언급한 후 영토 개척의 문제는 멀리 내다보면서 장기적으로 추진해야 한다는 글로 임금을 안심시켰다.

김종서는 변방에 나가 있는 동안에 나이든 어머니 걱정에 하루도 마음 편할 날이 없었다. 이를 알고 있던 임금은 그 어머니도 각별히 챙겼다. 김종서가 어머니를 뵈러 잠시 내려왔을 때 임금은 자신이 입고 있던 옷을 벗어 그에게 주었으며, 임지로 떠나기 위해 인사차 들렀을 때는 옷과 궁시를 내려주기도 했다. 그리고 김종서의 어머니가 별세하자 역마를 불러 빨리 조위(弔慰)의 뜻을 전하게 하고 또 관곽과 부의의 물건들을 내렸다. 임금이 김종서의 어머니를 얼마나 살뜰하게 챙겼는지는 김종서의 편지에도 잘 드러난다.

김종서가 상소하기를 "신은 국량이 작은 재주로서 일찍이 임금의 사랑의 융숭함을 입어, 죽기를 맹세하고 보답하기를 도모하여 멀리 변방에 수자리 살며 어머니를 모실 겨를이 없었는데, 성상께서 자세히 살피셔서 신이 어머니의 슬하를 멀리 떠나 있음을 민망히 여겨, 조금만 질병이 있어도 즉시 명하여 신을 불러 와서 다시 서로 보게 하시고, 또 의약과 식물을 구비하지 않은 것이 없게 하셨으니, 성상께서 혜량하시는 은혜가 극진하여 빠짐이 없었으므로, 신의 어머니가 감격하는 정을 비할 데가 없어서 매양 신에게 이르기를, '너는 빨리 네 직책에 돌아가라. 네가 능히 성상께 충성을 다한다면 나는 비록 죽더라도 유감이 없을 것이다.' 하면서, 아침저녁으로 신에게 가기를 권했습니다."

_《세종실록》 1436. 1. 21.

그뿐 아니라 임금은 김종서의 아내도 세심하게 챙겼다. 그 아내가 병들었다는 보고를 받은 임금은 즉시 충청도 관찰사에게 명해 극진히 보살피도록 했다.

> 충청도 관찰사에게 전지하기를, "함길도 절제사 김종서의 아내가 지금 공주에 살면서 오랜 질병으로 고생하니, 어육의 종류는 다소를 논하지 말고 연속하여 주어 섭양하게 하라." 하였다.
>
> _《세종실록》 1439. 2. 11.

세종은 신하들의 가족까지도 세심하게 보살피는 배려의 리더십으로 신하들의 충성심을 이끌어냈다. 임금이 자신의 노모와 아내까지 각별히 챙긴다는 사실을 알게 된 김종서는 변방 오지에서 12년간 머물면서 청사에 빛나는 혁혁한 공을 세운다. 김종서의 헌신이 없었다면 조선의 북방 경계는 한참 아래로 내려와 있었을 것이다. 세종 시대에는 임금의 탁월한 리더십 덕분에 나라를 빛낸 영웅들이 하늘의 무수한 별처럼 빛났다.

26

과학과 예술 분야의 전문가를 중용하다

세종은 실용적인 사상가이자 실천가였다. 백성의 삶을 실질적으로 향상시키고자 과학기술의 발전에 필요한 인재들을 대거 중용했다. 세종 시대를 빛낸 천재 과학자는 장영실 말고도 많지만 특히 정초와 이순지가 특출했다.

정초는 천체물리학과 역법에 정통한 과학자였다. 이긍익은 《연려실기술》에서 정초가 어린 시절 한번 들은 것은 모조리 암기하는 신동이었다고 소개한다. 젊은 시절 어떤 스님과 《금강경》 암송 시합을 했는데 정초가 줄줄이 구절을 암송하자 스님이 줄행랑을 쳤다는 일화도 전해진다. 세종은 정초의 능력을 한눈에 알아보고 중책을 맡겼다. 경연에서는 한시라도 정초의 모습이 보이지 않으면 "정초는 왜 보이지 않느냐?"며 그를 챙겼다.

정초가 특히 과학 분야에 해박하다는 사실을 알게 된 임금은 취임 이듬해 정초를 공조참의로 발탁하여 과학발명품 제작 업무를 맡긴다. 참의는 공조에서 판서와 참판 다음의 서열 3위이자 정3품 당상관으로, 파격적인 인사다.

정초는 이때 장영실에게 과학이론을 전수했으며, 장영실은 정초의 이론을 바탕으로 물시계를 제작한다. 물시계 제작에 성공한 정초는 1429년 집현전 학자들과 팀을 이뤄 《농사직설》을 펴낸다. 임금은 조선의 지리환경에 맞는 농사법을 고민하다가 정초에게 명해 《농사직설》을 편찬하게 했다. 과학적 마인드를 가진 정초가 그 분야의 최적임자라고 판단했기 때문이다.

정초는 《농사직설》 서문에서 "풍토가 다르면 농사법도 달라야 한다"고 썼다. 세종은 정초라는 인재를 제대로 알아봤고 정초는 임금의 의도를 정확하게 간파하여 조선의 농사기술을 진일보시켰다.

정초가 남긴 업적 가운데 또 하나 빼놓을 수 없는 것이 혼천의다. 천문관측기구 혼천의는 장영실의 발명으로 알려졌지만 이론적 토대를 제공한 정초의 역할도 컸다.

이순지는 천체물리학에 조예가 깊은 과학자였다. 어릴 때부터 천문학의 기초인 수학에 재능을 보인 이순지는 세종 시대를 대표하는 업적인 《칠정산 내편》과 《칠정산 외편》의 제작에 혁혁한 공을 세웠다. 《칠정산 내외편》은 원나라와 아라비아의 역법을 우리 실정에 맞게 재해석한 역법체계다.

천문학에 관심이 깊은 세종은 천문학에 소질이 있는 몇몇 문인 학자들을 선발해 산학을 체계적으로 익히도록 했는데, 이순지도 그 중 한 명이다. 이순지는 당시 이미 역산을 꿰고 있었다. 임금은 이순지의 명성을 듣고 그를 불러 지도상으로 조선이 어느 위치에 있는지 물었다. 이순지는 조선이 북극에서 38도 강(强)에 위치한다고 말했다. 하지만 임금은 믿지 않았다. 그러다가 중국에서 건너온 천문학자 한 사람이 조선의 위치가 38도 강이라고 말하자 임금은 자신의 잘못을 크게 뉘우치고 이순지를 신뢰했다.

이순지의 능력을 알아본 임금은 그를 서운관에 배속시켜 천체 운행 관련 업무를 보게 했다. 그곳에서 이순지는 장영실, 이천 등과 함께 팀을 이뤄 간의, 규표, 앙부일구, 흠경각과 같은 과학발명품을 제작했다. 이순지가 남긴 업적 가운데 가장 두드러진 것은《제가역상집》의 발간이다. 이 책은 기존의 천문학 서적이 가진 단점을 보완하고 중복된 부분을 삭제한 후 핵심 내용을 한눈에 알아볼 수 있게 한 혁신적인 천문학 서적이다.

《제가역상집》은《칠정산 내외편》과 함께 조선시대를 대표하는 과학책으로 꼽히는데 실용주의 리더십을 가진 세종과 천체물리학자 이순지가 함께 이룩한 조선과학사의 쾌거다. 이순지가 쓴《제가역상집》서문을 보면 세종시대의 천제물리학 수준이 어느 정도였는지 짐작할 수 있고, 아울러 세종 때 발명된 주요 천체관측기구와 역법체계를 한눈에 알아볼 수 있다.

제왕의 정치는 역법과 천문으로 때를 맞추는 것보다 더 큰 것이 없는데, 우리나라 일관들이 그 방법에 소홀하게 된 지가 오래인지라, 선덕 계축년(1433) 가을에 우리 전하께서 거룩하신 생각으로 모든 의상과 구루의 기계며, 천문과 역법의 책을 연구하지 않은 것이 없어서, 모두 극히 정묘하고 치밀하시었다. 의상에 있어서는 이른바 대소간의·일성정시의·혼의 및 혼상이요, 구루에 있어서는 천평일구·현주일구·정남일구·앙부일구·대소 규표 및 흠경각루·보루각루와 행루들인데, 천문에는 칠정에 본받아 중외의 관아에 별의 자리를 배열하여, 들어가는 별의 북극에 대한 몇 도 몇 분을 다 측정하게 하고, 또 고금의 천문도를 가지고 같고 다름을 참고하여서 측정하여 바른 것을 취하게 하고, 그 28수의 돗수·분수와 12차서의 별의 돗수를 일체로 《수시력》에 따라 수정해 고쳐서 석본으로 간행하고, 역법에는 《대명력》·《수시력》·《회회력》과 《통궤》·《통경》 여러 책에 본받아 모두 비교하여 교정하고, 또 《칠정산내외편》을 편찬하였는데, 그래도 오히려 미진해서 또 신에게 명하시어, 천문·역법·의상·구루에 관한 글이 여러 전기에 섞여 나온 것들을 찾아내어서, 중복된 것은 깎고 긴요한 것을 취하여 부문을 나누어 한데 모아서 1질 되게 만들어서 열람하기에 편하게 하였으니, 진실로 이 책에 의하여 이치를 연구하여 보면 생각보다 얻음이 많을 것이며, 더욱이 전하께서 하늘을 공경하고 백성에게 힘쓰시는 정사가 극치에 이르지 않은 것이 없음을 볼 수 있을 것이다.

_《세종실록》 1445. 3. 30.

한편, 세종은 예술 부문의 전문가들도 우대했다. 아악과 향악의 정비를 맡아 빛나는 공을 세운 박연이 대표적인 인물이다. 세종은 임금이 되지 않았으면 조선의 위대한 예술가가 되었을 터였다. 그 정도로 예술 특히 음악 분야에 조예가 깊었다. 박연이 만든 편경의 소리를 듣고 반음 높게 만들어진 곳을 정확하게 짚어낼 만큼 절대 음감의 소유자였다. 하지만 그런 재능을 지녔음에도 음악의 정비는 박연에게 전적으로 위임하는 리더십을 발휘했다. 박연을 부른 자리에서 임금은 "음악의 일은 그대가 전장하라"며 업무상 재량권을 폭넓게 부여했다.

> 경이 이룩되자 연에게 명하여 악을 제작하는 임무를 전장하게 하였다. 병오년 가을부터 무신년 여름까지 남양의 돌을 다듬어서 종묘 영녕전의 편경 및 여러 제사에 통용하는 편경·등가 편경·특경 등이 이룩되었는데 모두 528매이다. 임금이 또 연에게 명하기를, "내가 조회의 아악을 창제하고자 하는데 입법과 창제가 예로부터 하기가 어렵다. 임금이 하고자 하는 바를 신하가 혹 저지하고, 신하가 하고자 하는 바를 임금이 혹 듣지 아니하며, 비록 위와 아래에서 모두 하고자 하여도 시운이 불리한 때도 있는데, 지금은 나의 뜻이 먼저 정하여졌고, 국가가 무사하니 마땅히 마음을 다하여 이룩하라."
>
> _《세종실록》 1433. 1. 1.

박연은 고향 사람들이 달인이라고 부를 정도로 피리를 잘 불었다. 박연은 음악을 제대로 배우기 위해 고향을 떠나 한양으로 올라왔는데, 마침 음악에 조예가 깊은 광대 한 사람을 만나 스승으로 모시게 되었다. 박연은 한 달도 채 되지 않아 스승을 능가했으며, 그 뒤 거문고와 비파 등 모든 악기를 섭렵했다. 성현은《용재총화》에서 박연의 악기 다루는 솜씨가 신기에 가까웠다고 전한다. 음악의 신이 있다면 그는 아마 박연일 터였다.

마흔에 이르러서야 과거에 급제한 박연은 한직을 떠돌다가 마침내 세종의 눈에 띄었다, 음악의 정비가 절실하던 임금은 박연을 악학별좌에 임명하여 조선의 음률을 자주적으로 정비하라는 임무를 주었다. 박연이 행정 업무에 치여서 재능을 맘껏 발휘하지 못할 것을 우려한 임금은 그가 오로지 음률 정비에만 집중할 수 있도록 배려하고 조치했다. 조신들이 박연을 비방하자 임금은 박연이 음악뿐만 아니라 세상일에도 통달했다며 감싸주기도 했다.

> 임금이 대언이 계사한 것에 대하여 말하기를, "박연은 세상일에 통하지 아니한 학자가 아니라 세상일에 통달한 학자라 할 수 있다." 하였다.
>
> _《세종실록》 1428. 2. 20.

임금의 세심한 배려에 감격한 박연은 병중에도 온종일 음악만을 생각했고, 마침내 조선의 자주적인 음악체계 정비라는 큰 숙제를 완결했다.

5장

국가 경영의 원칙

세종의 귀는 늘 백성을 향해 열려 있었다. 그 귀로 그는 백성의 고충을 들었고 의심스러운 것이 있으면 물었다. 해답을 찾지 못할 때는 책 속으로 들어가 선인들의 지혜를 빌렸다. 재위 31년 6개월간 세종은 단 하루도 이 원칙을 저버리지 않았다. 세종의 듣는 법, 질문하는 법, 공부하는 법은 오직 백성을 위한 것이었으며, 이 원칙들이 그를 최고의 성군으로 만들었다.

27

무엇보다 우선하여 민생을 돌보다

맹자가 위(魏)나라의 수도 대량(大梁)에 갔을 때, 위나라 혜왕(惠王)은 거듭된 패전의 치욕을 씻고자 맹자를 보자마자 "나라를 이롭게 할 방법"을 묻는다. 그러자 맹자는 "어찌 하필 이(利)를 말하느냐"며 핀잔을 주고 "인의(仁義)가 있을 따름"이라고 일갈한다.

이어진 대화에서 양 혜왕(위 혜왕이지만 대개 수도 대량의 이름을 따서 양 혜왕으로 불렀다)이 자기는 한다고 하는데, 이웃 나라의 백성은 줄어들지 않고 자기 나라의 백성은 늘지 않는 이유가 뭔지 모르겠다며, 어떻게 하면 좋을지를 물었다. 그러자 맹자는 다른 탓 하지 말고 먼저 자기를 돌보라고 충고한다.

흉년으로 길거리에 굶어 죽은 사람의 시체가 널려 있는데도 창고를 열 줄 모르면서 사람들이 굶어 죽으면 흉년 때문에 죽은 것이라고 말하니, 사람을 찔러 죽이고도 자기가 죽인 것이 아니라 병기가 죽인 것이라고 말하는 것과 무엇이 다르겠습니까? 왕께서 흉년에게 죄가 있다 하지 마시고 자신을 돌아보아 나라를 다스리면 천하의 백성들이 왕께로 몰려들 것입니다.

_《맹자》 양혜왕장구 상편

세종의 모든 자질과 성품, 리더십은 결국 백성을 위한 것이었다. 주의 깊게 듣고, 깊이 있게 묻고, 밤을 새워 공부하는 언행의 궁극적인 지향점은 모두 애민(愛民)이었다. 세종은 자주 민정시찰에 나섰다. 하지만 임금의 행차임을 요란하게 알리지 않고 조용히 백성들을 만나 그들의 고충이 무엇인지 물은 후 경청했다.

이날 행차에는 그날 당직 근무를 서는 호위군관 한 명만 거느렸으며, 임금이 쓰는 붉은 양산과 부채도 쓰지 않았다. 벼가 잘 되지 못한 곳을 보면 반드시 말을 멈추고 농부에게 그 까닭을 물었다.

_《세종실록》 1425. 7. 1.

임금은 시찰 도중 농부들에게 술과 음식을 대접하면서 애로사항을 듣기도 했다. 자신들의 말에 귀를 기울여주는 임금을 백성들은 마음으로 존경했다. 임금이 민정시찰을 끝내고 환궁하는 길에는 수천, 수만 명의 백성이 늘어서서 구경하는 진풍경이 연출되기도 했다.

세종에게는 오직 백성이었다. 그에게 백성은 나라의 근본이었으며, 정치의 목적은 백성의 살림을 풍족하게 하여 나라의 근본을 튼튼하게 하는 것이었다. 백성이 즐거워야 임금도 즐거울 수 있고, 백성의 고통과 슬픔은 곧 임금의 고통과 슬픔이었다. 이를 위해 군주는 마땅히 백성들의 삶의 현장을 직접 찾아가 그들의 소망이 무엇인지 묻고 들어야 했다.

> 나라는 백성을 근본으로 삼고, 백성은 먹을 것으로 하늘을 삼는다. 농사짓는 일은 먹고 입는 것들의 근원이니 임금이 우선적으로 힘쓰는 것이 마땅하다. 위에 있는 사람이 성심으로 지도하고 이끌지 않는다면 어떻게 백성들로 하여금 부지런히 농사에 전념하기를 바라겠는가?
>
> _《세종실록》 1444. 윤7. 25.

이러한 애민정치 덕분에 세종 치세에 조선의 농업 생산력은 고려 말에 비해 3배 이상 높아졌다. 관료들이 행정편의주의에 빠져 있을 때도 임금은 변함없이 백성의 입장에 섰다. 당시에는 새로 개간한 밭에는 면세하는 것이 원칙이었다. 어느 날 경상도 관찰사가 개간한 밭을 면세해주려 해도 새로 일군 땅을 구분하기가 쉽지 않다며 그냥 일괄해서 세금을 매기자는 보고를 올렸다. 이에 임금은 일이 의심스러우면 백성과 더불어 도모하면 문제될 것이 없다면서 면세 원칙을 고수하라고 일렀다. 특히 흉년으로 굶주리는 백성을 위해서는 세금을 면제하고 행정절차를 최대한 간소하게 해서 긴급하게 구휼할 것을 주문했다.

세종은 맹자가 말한 왕도정치 사상을 온몸으로 실천한 임금이었다. 세종에게 백성의 구휼은 어떤 명분으로도 지체될 수 없는 하늘의 명령이었다. 임금은 과도한 재정지출로 나라 살림이 걱정되면 왕실의 곳간을 털어 국가 재정을 채우는 방식을 택했다. 백성에게 부담을 지우는 대신 솔선하여 자기 주머니를 털어낸 것이다.

> 재앙과 이변은 사람의 힘으로 통제할 수 없는 것이다. 그러나 부의 재분배는 사람이 할 수 있는 일이다. 과인이 덕이 없어 백성들이 굶주리게 되었으니 심히 부끄럽다. 왕실의 재산 가운데 직계들의 과전(科田)을 줄이면 나라 살림에 다소라도 보탬이 될 것 같은데 경들의 생각은 어떠한가?
>
> _《세종실록》 1437. 1. 12.

세종은 왕조시대의 군주라고는 믿기지 않을 정도로 사고가 개방적이고 혁신적이었다. 요즘 유행하는 워라밸(일과 휴식의 균형)의 필요성을 일찌감치 내다보고 국정 운영에 적극 반영하기도 했다. 이와 관련하여 흥미로운 일화가 있다.

두 농부가 벼를 베고 있었다. 한 농부는 허리도 한 번 제대로 펴지 않고 쉼 없이 벼를 베었고, 다른 농부는 틈틈이 쉬어가면서 벼를 벴다. 일을 마치고 수확량을 비교해보니 틈틈이 쉬어가면서 벼를 벤 농부의 수확량이 더 많았다. 쉬지 않고 일한 농부가 물었다. "아니 어떻게 자네의 수확량이 나보다 더 많을 수가 있나? 나는 허리도 한 번 펴지 않고 열심히 일했는데?" 그러자 다른 농부는 이렇게 대답했다. "쉬는 동안 나는 낫을 갈았다네."

죽어라고 일만 한다고 생산성이 높이지는 것은 아니다. 열심히 일한 후에는 충분한 휴식을 취하면서 재충전의 시간을 가져야 한다. 그래야 일의 능률도 높아지고 삶의 만족도도 높아진다. 4차 산업혁명 시대에는 일과 삶의 균형이 그 어느 때보다 중요한 가치로 떠오르고 있다. 세종은 600년 전에 이미 워라밸의 필요성을 내다봤다.

세종 17년(1435), 벼 수확량이 예년보다 늘어나자 공조판서 성억은 술로 인한 곡식의 허비를 막기 위해 금주령을 내려야 한다고 건의했다. 하지만 임금은 "경작이 끝난 후 모처럼 한가한 날을 얻어 술을 마시면서 서로 즐거워하는 것은 백성들의 정상적인 태도다. 지나치지만 않다면 굳이 막을 필요가 없다"며 반대했다.

"백성은 오랫동안 일하고 쉬지 않으면 그 힘이 쇠하게 되고, 오랫동안 쉬고 일하지 않으면 마음이 해이해진다. 일과 휴식의 균형이 필요하다.

_《세종실록》 1435. 8. 11.

사가독서제를 도입하여 집현전 학사들에게 연구활동의 재량권을 부여한 것도 같은 맥락으로 볼 수 있다. 집현전에 나와서 다른 업무를 겸하다 보면 아무래도 연구에 집중할 수가 없기 때문에 창의적인 성과물을 낼 수 없다는 것이 임금의 생각이었다.

> 과인이 경들을 집현전 관원에 제수한 것은 나이가 젊고 장래가 있으므로 글을 충분히 읽혀서 국정운영에 실제 효과가 있게 하려는 것이었다. 그러나 각자 맡은 직무 때문에 아침저녁으로 독서에 전심할 겨를이 없으니 지금부터는 집현전에 출근하지 말고 집에서 전심으로 글을 읽어 성과를 드러내 나의 뜻에 부응하도록 하라. 글 읽는 원칙에 대해서는 변계량의 지도에 따르도록 하라.
>
> _《세종실록》 1426. 12. 11.

세종에게는 하늘 아래 만물이 모두 백성의 것이었다. '임금'은 하늘을 대신해 만물을 다스리는 자리이므로 천지자연의 운행원리와 이치를 잘 살펴 하늘이 맡긴 백성들을 골고루 잘 살게 해야 한다는 것이 세종의 통치 철학이었다. 천체관측기구 일성정시의를 만들고, 이순지, 김담 등으로 하여금 칠정산 내편과 외편을 편찬해 역법 체계를 완성하게 한 것도 그러한 믿음에서 비롯된 것이다. 역(曆)이라는 한자가 의미하듯이 나라의 근본인 백성들에게는 벼(禾)를 심고 벼(禾)를 거두는 날짜(日)만큼 소중한 것이 없다.

세종은 집무를 보는 천추전(千秋殿) 옆에 흠경각(欽敬閣)을 설치하고 물시계를 보관하도록 했다. 흠경각은 하늘을 흠모하듯이 백성을 공경한다는 의미다. 만백성의 임금으로서 세종의 철학과 태도를 상징적으로 보여주는 이름이 바로 흠경각이다.

세종의 귀는 늘 백성을 향해 열려 있었다. 그 귀로 그는 백성의 고충을 들었고 의심스러운 것이 있으면 물었다. 해답을 찾지 못할 때는 책 속으로 들어가 선인들의 지혜를 빌렸다. 재위 31년 6개월간 세종은 단 하루도 이 원칙을 저버리지 않았다. 세종의 듣는 법, 질문하는 법, 공부하는 법은 오직 백성을 위한 것이었으며, 이 원칙들이 그를 최고의 성군으로 만들었다. 4차 산업혁명 시대를 살아가는 우리로 하여금 그를 주목하게 만들었다.

> 이 경우라면 플라톤은 어떻게 행동했을까? 에파메이논다스는 뭐라고 했을까? 리쿠르고스 자신이나 아게실라오스는 어떻게 행동했을까? 이와 같은 거울들 앞에서, 비유적으로 말하면, 그들은 치장하고 습관을 고치며, 천한 말을 자제하거나 정념의 발동을 끈다네.
>
> _김상근, 《군주의 거울》

일이 막힐 때, 진로가 막막할 때, 인간관계 때문에 힘들 때, 우리는 어떤 거울을 들여다보며 나의 치장과 습관을 고치고, 천한 말을 자제하고, 정념의 발동을 끌 것인가? 우리에게는 임금 세종이 남긴 거울이 하나 있다. 그가 남긴 거울을 보면서 이렇게 물어보자.

"이 경우라면 세종은 어떻게 행동했을까? 뭐라고 말했을까?"

28

오로지 백성을 위해 실용을 앞세우다

국가 경영자로서 세종의 제1원칙은 실용이었다. 유교 이념을 국시로 하는 명분의 나라 조선에서 누구보다 그 명분을 수호해야 할 임금이 왜 실용을 앞세웠을까?

세종에게는 임금으로서 섬겨야 할 하늘이 중국의 천자도 아니요, 유교 질서도 아니요, 바로 백성이었기 때문이다. 백성을 살리려면 실용이 답이었으므로, 민생에 도움이 되는 일이라면 명분에 구애받지 않고 적극 추진했다.

세종의 이러한 원칙은 정치, 경제, 외교, 국방 등 국정 전반에 걸쳐 일관되게 적용되었다. 한글을 창제한 가장 큰 이유도 백성을 위한 쓸모 때문이었다. 직업 삼아 익혀야 할 정도로 어려운 문자인 한

자를 읽지 못해 소송에서 억울한 피해를 당하고 있던 백성들을 구제하려는 실용주의적 관점에서 한글을 창제했다.

"이것이 오직 백성을 위해 쓸모 있는 것이냐?"

새로운 법과 제도를 만들거나 기존의 것을 변경할 때 세종이 신하들에게 가장 많이 던진 질문이다. 즉위 초기에 강원도에 큰 기근이 들자 임금은 김종서를 관찰사로 임명해 현지에 급파했다. 김종서는 강원도 모든 지역을 샅샅이 살핀 후 그 중에서도 특히 흉년이 심한 고을의 기민 729명에게 조세를 면제해 달라는 장계를 올렸다. 임금은 곧바로 시행하라고 지시했다.

이때 의정부 참찬 변계량이 "기근이 들었다고 세금을 면제해주는 선례를 남기면 국가 재정이 고갈될 것"이라며 반대했다. 하지만 임금은 고통받는 백성을 위해 나라 곳간을 열지 않으면 국가 재정이란 게 무슨 소용이 있느냐며, 그대로 시행하라고 일렀다.

> 임금으로 있으면서 백성이 주리어 죽는다는 말을 듣고 오히려 조세를 징수하는 것은 진실로 차마 못할 일이다. 하물며 지금 묵은 곡식이 이미 다 떨어졌다고 하니, 창고를 열어 곡식을 나누어 준다 해도 오히려 미치지 못할까 염려되거늘, 도리어 주린 백성에게 조세를 부담시켜서 되겠는가. 더욱이 감찰을 보내어 백성의 굶주리는 상황을 살펴보게 하고서 조세조차 면제를 안 해 준다면, 백성을 위하여 혜택을 줄 일이 또 무엇이 있겠는가.
>
> _《세종실록》 1419. 1. 16.

국가 재정을 튼튼히 해야 한다는 것은 누구나 인정하는 상식이다. 세종이 그것을 모를 리 없지만 국가 재정보다 더 중요하고 우선은 민생, 즉 백성의 삶이었다. 재정이란 백성을 위해 쓰는 것이므로 필요할 때 신속하게 집행해야 한다는 것이 임금의 소신이었다. 흉년이 들어 당장 죽어가는 백성을 위해 곳간을 열지 않으면 아무리 많은 곡식을 쌓아둔들 무슨 소용이냐는 것이다. 무엇보다 먼저 민생, 이것이 조선의 CEO 세종에게는 제1의 원칙이었다.

명분보다는 실용을 중시하는 세종의 원칙은 예법에 관한 생각에서도 드러난다. 세종 10년(1428) 9월 17일, 이조참판 정초와 판부사 허조 등이 임금 앞에서 신하들이 예를 갖추지 않는 풍토가 있다며 바로잡아야 한다고 건의하자 임금은 "군신간의 예란 간소해야 한다"며 번잡하게 절하지 않도록 했다.

> 임금 앞에서 신하가 절하는 것은 비록 옛 예법이지만, 너무 번잡하지 않겠는가. 무릇 예법이란 간소한 것을 귀하게 여기니 의리에 해롭지 않은 것이라면 세속을 좇는 것이 옳다. 또 우리나라의 예법은 다 옛 제도에 맞지도 않은데 어찌 이 예법만을 고제대로 행해야 할 것인가.
>
> _《세종실록》 1419. 9. 17.

또 세종은 백성의 삶을 실질적으로 보살피는 정책만큼은 신하들과 의견이 달라도 물러서지 않고 강력하게 추진했다. 수레의 제작과 보급 정책이 대표적이다. 세종 17년(1435) 4월, 임금은 영의정 유정현 등의 신하들이 수레가 조선의 지형에 맞지 않다며 제작을 반대했지만 그 쓸모가 크다며 제작을 강행했다.

> 장자화가 오래 중국에 있었는데 돌아와 태종께 아뢰기를, "강축(杠軸)이 수운하는 데에 편리하니 보급하여 쓰는 것이 마땅합니다."고 하여, 태종이 그대로 따라서 공장을 시켜 제조하니, 영의정 유정현이 힘써 말리고, 또 좋지 못하다고 말하는 자가 많아서 드디어 그 일을 중지하였는데, 내게 이르러서도 또 명하여 제조하니 역시 모두 좋지 못하다고 말하였다. 그러나 억지로 제조하게 하여 종친과 대신에게 나누어 주었는데, 그 중에는 혹 싫어하는 자도 있었으나, 지금 보건대, 벽돌·기와·돌 같은 것을 운반하는 데에 매우 편리하여, 한 번에 운반하는 것이 세 사람이 지는 것보다 배나 되니, 그 이익이 어찌 적다고 하겠는가."
>
> _《세종실록》 1435. 4. 11.

세종은 백성에게 이익이 되는 것은 다소 문제가 있다 해도 반드시 추진하는 실용적 관점을 취했다. 바쁜 가운데서도 단출한 변복 차림으로 최소한의 수행원만 데리고 자주 민생 탐방에 나서곤 했던 임금은 아무리 땀 흘려 일해도 가난을 벗지 못하는 고단한 백성의 삶을 몸소 살폈다. 그런 현실인식을 바탕으로 "이것이 오직 백성을 위해 쓸모 있는 것이냐?"는 실용주의적 질문을 국정철학의 제1원칙으로 삼았다.

29

억울한 백성이 없게 하다

세종 9년(1427) 여름 어느 날, 형조판서 노한은 길을 걷다가 지게에 이상한 것을 지고 가는 노복을 발견한다. 모양은 영락없이 사람인데 가죽과 뼈가 서로 붙어 파리하기 이를 데 없었다. 노한이 놀라서 연유를 물으니 "집현전 응교 권채의 가비인데 도망치다가 붙잡혀서 방에 갇혔는데 결국 이 지경이 되었노라"고 했다.

권채는 대사헌을 지낸 권근의 손자로 학문이 뛰어나 임금이 무척 아끼던 인물이었다. 집현전 응교는 나이가 젊고 똑똑한 선비들 가운데서 발탁된 연구직으로, 아침저녁으로 경연청에 나아가 임금과 학문을 토론하면서 정사를 논하는 요직이었다.

노한은 즉시 형조 수사관들에게 명해 진상을 조사하도록 했다.

그 결과 이루 형언할 수 없을 정도의 학대가 있었음이 드러났다. 노한의 보고에 임금은 끝까지 더 조사하도록 일렀다.

> 나는 권채를 성질이 안존(安存)하고 자세한 사람으로 여겼는데, 그가 그렇게 잔인했던가. 이것은 반드시 그 아내에게 제어를 받아서 그렇게 된 것이니 모름지기 끝까지 조사하라.
>
> _《세종실록》 1427. 8. 24.

추가 조사 결과 충격적인 진상이 밝혀졌다. 죽은 자의 이름은 덕금으로, 원래는 권채 집안의 종이었다가 첩이 된 여인이었다. 조선시대 가장 흔한 축첩의 형태였다. 투기심이 발동한 권채의 아내 정씨는 어느 날 덕금이 병든 할머니를 찾아보기 위해 휴가를 신청했는데 허락하지 않았다. 덕금이 몰래 집을 빠져나가자 권채의 아내는 "덕금이 외간 사내와 간통하고자 도망갔다"며 권채에게 거짓말을 했다. 이에 권채는 덕금을 잡아다 머리털을 자르고 매질을 한 후 왼쪽 발에 쇠고랑을 채워서 방에 가뒀다. 권채의 아내 정씨는 덕금에게 먹을 것을 주지 않고 굶어서 죽게 만들었다. 보고서에 그 정황이 자세하게 묘사되어 있다.

> 정씨가 음식을 줄이고 핍박하여 스스로 오줌과 똥을 먹게 했더니, 오줌과 똥에 구더기가 생기게 되므로 덕금이 먹지 않으려 하자 이에 침으로 항문을 찔러 덕금이 그 고통을 견디지 못하여 구더기까지

억지로 삼키는 등, 수개월 동안 침학(侵虐)하였으니, 그의 잔인함이 이 지경에까지 이르렀습니다.

_《세종실록》 1427. 8. 27.

임금은 혀를 내두르며 권채 부부를 붙잡아와 의금부에서 국문하도록 했다. 신하들 중 일부가 '수령고소금지법'이라는 실정법을 근거로 내세우며 권채에 대한 국문에 반대했지만 임금의 태도는 단호했다.

권채의 일은 비록 종과 주인 사이의 일이라고는 하지만, 노비가 스스로 고소한 것이 아니고 국가에서 알고 추핵(推劾)한 것이니, 종과 주인 사이의 일이라고 논하는 것이 옳겠는가. 여러 달을 포학하게 하여 거의 죽을 지경에까지 이르러 잔인하기가 이보다 심함이 없으니, 어찌 국문을 하지 않고 그 실정을 잃을 수 있겠는가. 그 일이 노비에 관계되는 것은 형벌로써 신문하여 다시 추핵하고, 권채가 만약에 참예하여 알았거든 또한 다시 잡아와서 신문하라.

_《세종실록》 1427. 8. 29.

의금부 국문 결과 진상은 형조의 수사 내용과 같았다. 하지만 권채 부부는 진실을 고백하고 죄를 뉘우치기는커녕 형조판서가 생사람을 잡는다며 잡아뗐다. 의금부 제조 신상도 임금에게 올린 보고에서 권채 부부의 태도를 한심하다고 했다.

권채의 노비가 공초를 바친 것이 형조와 다름이 없는데도 권채와 그 아내는 모두 실정을 고백하지 않고 허물을 형조판서에게 돌리니, 이 사람은 다만 글을 배울 줄은 알아도 부끄러움은 알지 못합니다.

_《세종실록》 1427. 9. 3.

이에 임금은 마땅히 형벌로 다스릴 것을 일렀다.

임금의 직책은 하늘을 대신하여 만물을 다스리는 것이니, 만물이 그 처소를 얻지 못하여도 오히려 대단히 상심할 것인데 하물며 사람일 경우야 어떠하겠는가. 진실로 차별 없이 만물을 다스려야 할 임금이 어찌 양민과 천인을 구별해서 다스릴 수 있겠는가. 녹비가 나타나서 일의 증거가 더욱 명백한 것이 이와 같은데, 권채가 기어코 복죄하지 않는다면 마땅히 형벌로서 신문할 것이다.

_《세종실록》 1427. 9. 3.

결국 임금은 권채의 직첩을 회수하여 외방에 부처하고, 아내 정씨는 속장에 처하도록 했다. 속장(贖杖)은 돈을 내고 장형(杖刑)을 면제받도록 한 것을 말한다. 이조판서 허조가 주인과 종 사이의 일을 그런 식으로 판결하면 기강이 문란해진다고 반대했지만 임금은 단호했다.

비록 계집종일지라도 이미 첩이 되었으면 마땅히 첩으로서 이를 대우해야 할 것이며, 그 아내도 또한 마땅히 가장의 첩으로서 이를 대우해야 할 것인데, 그의 잔인포학함이 이 정도니 어떻게 그를 용서하겠는가.

_《세종실록》 1427. 9. 4.

권채의 여종 사건이 있던 세종 9년(1427)에는 또 다른 살인 사건으로 조정이 떠들썩했다. 이 사건에는 당시 좌의정 황희와 우의정 맹사성 등 정권 실세들이 대거 연루되어 파면당하거나 귀양을 갔다. 사건의 전말은 이러하다.

황희의 사위이자 형조판서 서선의 아들 서달이 어머니를 모시고 신창현을 지나는 길이었다. 서달은 고을의 아전 하나가 자신에게 인사를 제대로 하지 않자 수행한 종들을 시켜 잡아오게 했다. 당사자인 아전이 도망가자 서달의 종들은 또 다른 아전 하나를 붙잡아 묶고서 달아난 아전의 소재를 대라며 배질을 했다. 때마침 길을 가던 표운평이 그 광경을 보고 "무슨 일이기에 관원도 없는 데서 아전을 묶어 놓고 때리느냐?"며 항의했다. 종들은 홧김에 표운평을 흠씬 두들겨 패서 서달에게 붙잡아왔는데, 표운평이 몸을 제대로 가누지 못하자 서달은 "술에 취한 척한다"며 수행원 서득을 시켜 무자비하게 구타했다. 그런데 표운평이 다음날 죽어버리자 사건이 커졌다. 고소가 접수되자 감사 조계생이 진상을 조사한 후 서달을 살인교사 주범으로 지목하여 조정에 보고했다.

사건 당시 찬성으로 있던 황희는 판부사 맹사성에게 청탁하여 사건을 무마시키려 했다. 사건이 발생한 신창현은 맹사성의 고향이었는데, 황희의 청탁을 받은 맹사성은 표운평의 형 복만을 회유하는 한편 신창현감에게도 손을 썼다. 결국 서달은 무죄로 번복되었고, 살인죄는 서달의 수행원이 뒤집어쓰는 형태로 조서가 조작되었다.

살인죄는 최종으로 임금의 재가를 거쳐야 관련자 처벌이 결정되었는데, 조서를 본 세종은 그 허술함에 조작을 의심했다. 임금이 의금부에 재조사를 명하여 마침내 진상이 밝혀졌다. 당시 좌의정 황희, 우의정 맹사성, 형조판서 서선은 이 일로 파면되었으며, 형조참판 신개와 대사헌 조계생을 비롯한 고위직 십여 명이 유배에 처해졌다.

세종은 법을 어긴 사람은 지위고하를 막론하고 엄중하게 처벌했다. 자신의 오른팔이고 왼팔인 황희와 맹사성도 원칙에서 예외일 수는 없었다.

30

파격적인 제도로 사회적 약자를 돌보다

세종은 사회적 약자를 따뜻한 손길로 어루만졌다. 재물처럼 사고파는 천한 신분의 노비도 한 하늘 아래 사는 백성으로 여겼으며, 그들을 위해 획기적인 출산휴가 제도를 도입했다. 요즘의 눈으로 봐도 매우 혁신적인 제도다. 먼저 여성 노비를 위한 산후 출산휴가를 7일에서 100일로 연장했다. 그리고 산전 출산휴가 제도를 추가로 도입했는데 임신한 노비의 경우 출산 1개월 전부터 모든 의무를 면제하도록 했다.

임금이 대언 등에게 이르기를, "옛적에 관가의 노비에 대하여 아이를 낳을 때에는 반드시 출산하고 나서 7일 이후에 복무하게 하였다.

이것은 아이를 버려두고 복무하면 어린 아이가 해롭게 될까봐 염려한 것이다. 일찍 100일간의 휴가를 더 주게 하였다. 그러나 산기에 임박하여 복무하였다가 몸이 지치면 곧 미처 집에까지 가기 전에 아이를 낳는 경우가 있다. 만일 산기에 임하여 1개월간의 복무를 면제하여 주면 어떻겠는가. 가령 그가 속인다 할지라도 1개월까지야 넘을 수 있겠는가. 그러니 상정소(詳定所)에 명하여 이에 대한 법을 제정하게 하라."

_《세종실록》 1430. 10. 19.

7일이던 출산 휴가를 100일로 연장한 것도 획기적인데 임금은 그에 더해 산기에 임박한 여성 노비가 일을 마치고 집으로 가는 도중 아이를 낳는 사례들이 있다는 사실을 알고 출산 전 1개월부터 여성 노비들의 모든 의무를 면제하도록 했다. 상정소는 법률 제정 기관이니, 출산 전 휴가 제도를 단순한 행정조치가 아니라 입법화해서 실효성 있게 추진하도록 지시한 것이다. 이보다 더 획기적인 조치는 출산 여성 노비의 남편에 대한 휴가 제도다. 세종 16년(1433) 4월, 임금은 그에 관한 조치를 일렀다.

형조에 전교하기를, "경외의 여종이 아이를 배어 산삭에 임한 자와 산후 100일 안에 있는 자는 사역을 시키지 말라 함은 일찍이 법으로 세웠으나, 그 남편에게는 전연 휴가를 주지 아니하고 그전대로 구실을 하게 하여 산모를 구호할 수 없게 되니, 한갓 부부가 서로 구원하는 뜻에 어긋날 뿐 아니라, 이 때문에 혹 목숨을 잃는 일까지 있어 진실로 가엾다 할 것이다. 이제부터는 사역인의 아내가 아이를 낳으면 그 남편도 만 30일 뒤에 구실을 하게 하라." 하였다.

_《세종실록》 1434. 4. 26.

여성 노비가 출산을 해도 남편에게는 아무런 혜택이 없었다. 아내가 출산휴가 중이라도 남편은 꼬박꼬박 군역의무를 수행해야 했다. 그래서 집을 비워야 했으니, 산후 몸조리를 해야 하는 여성 노비는 남편의 도움을 전혀 받을 수 없었다. 이런 실정을 안타깝게 여기던 임금은 남편에게도 30일 간의 출산휴가를 주도록 했다. 왕조시대에 이런 파격적인 사회복지제도를 도입했다는 사실이 믿기지 않는다.

세종의 국정철학과 원칙은 시대의 한계를 훌쩍 뛰어넘은 것이었다. 사회체제상 조선의 군왕은 백성의 임금이기 전에 양반사대부의 대표자여서 반상의 신분제도 자체를 부정하거나 철폐할 수는 없었다. 세종은 그런 한계 내에서 최대한 재량을 발휘하여 사회적 약자를 배려한 것이다.

형벌 제도 시행에서도 세종은 최대한 약자를 배려했다. 세종 19년(1437) 1월, 임금은 옥에 갇힌 죄수가 억울한 죽음을 당하는 일이 없어야 한다며, 개선을 지시했다.

형조에 전지하기를, "옥이라는 것은 본래 악한 것을 징계하자는 것이요, 사람을 죽게 만드는 것이 아닌데, 옥을 맡은 관리가 마음을 써서 규찰하지 아니하여, 옥에 갇힌 사람들이 혹은 병에 걸리고, 혹은 얼고 굶주리거나, 혹은 옥졸의 핍박과 고문으로 인하여 원통하게 생명을 잃는 자가 없잖아 있으니, 지금 서울 안의 옥수로서 죽은 자가 있거든 죄의 경중을 분별할 것 없이 모두 다 사연을 갖추어 아뢰라. 외방에서는 다만 죄수의 죽은 자를 형조에만 보고하고 계달하지 아니하니, 서울과 외방의 법이 달라 실로 온당치가 못하였다. 금후로는 외방의 옥수로서 치사한 자도 또한 경중을 불문하고 본범의 죄명과 처음에 가둔 월일과 병에 걸린 일시와 치료한 약과 병 증세와 신장의 때린 횟수와 죽은 일시를 갖추 기록하여 형조에 이문하고, 또 따로 계문하되 항식으로 만들라." 하였다.

_《세종실록》 1437. 1. 23.

정치범이 아닌 경우 옥에 갇히는 사람은 대개가 일반 백성이었다. 이들은 옥에서 병에 걸려도 제대로 치료받지 못했다. 그리고 추운 겨울에는 얼어죽거나 굶어죽는 사람이 많았다. 더러는 형리들의 가혹한 매질과 고문으로 억울하게 목숨을 잃는 경우도 발생했다. 이런 사정을 잘 알고 있던 임금은 투옥 중 죽음에 이른 죄수가 있으면 경중을 막론하고 위에 보고하도록 했다.

임금의 지시는 두루뭉술하지 않고 구체적이었다. 옥사한 죄인의 경우 옥에 갇힐 당시의 죄명과 병에 걸린 날짜, 치료에 쓰인 약, 병의 증세, 매질한 횟수, 죽은 날짜와 시간을 자세하게 공문서로 꾸며 형조를 거쳐 임금에게 보고하도록 했다. 뿐만 아니라 이런 형식의 보고서를 하나의 매뉴얼로 만들어 철저하게 시행하라고 지시했다.

세종 2년(1420) 11월, 임금은 가벼운 죄를 짓고 옥에 갇힌 사람이 매질로 죽음에 이르는 일이 없도록 경범죄는 일체의 구타를 금지시키고, 일반 백성에게 억울한 누명을 씌운 지방 관리의 죄는 엄히 다스리도록 했다. 하지만 임금을 비방한 일반 백성의 죄는 불문에 부치도록 했다. 권력을 쥔 자들에게는 법을 엄중하게 적용했지만 일반 백성의 죄는 용서하고 아량을 베푼 것이다.

한편 세종은 의녀제도를 도입해서 남자 의사들에게 진찰을 꺼리는 여성을 각별하게 보살피기도 했다. 의녀제도를 처음으로 도입한 것은 태종 6년(1406) 3월이었다. 지제생원사(知濟生院事)로 있던 허도가 제생원에 의녀제도를 도입하도록 건의했다.

> 그윽이 생각건대, 부인이 병이 있는데 남자 의원으로 하여금 진맥하여 치료하게 하면, 혹 부끄러움을 머금고 나와서 그 병을 보이기를 즐겨하지 아니하여 사망에 이르게 됩니다. 원하건대, 창고나 궁사의 동녀(童女) 수 10명을 골라서, 맥경과 침구의 법을 가르쳐서, 이들로 하여금 치료하게 하면, 거의 전하의 살리기를 좋아하는 덕에 보탬이 될 것입니다.
>
> _《태종실록》 1406. 3. 16.

태종은 허도의 제안에 따라 의녀제도를 도입했으며, 주관 부서를 제생원으로 지정했다. 세종 5년(1423), 한양에서만 제한적으로 시행되던 의녀제도를 전국으로 확대할 것을 허도가 건의하자 임금은 그대로 수용했다.

> 예조에서 계하기를, "참찬 벼슬로 치사한 허도가 계청한 외방의 의녀는, 먼저 충청·경상·전라도의 계수관의 관비 중에서 나이 15세 이하 10세 이상의 영리한 동녀 각각 2명씩을 선택하여 선상 여기의 예에 의하여 봉족을 주어서, 제생원으로 보내어 본원의 의녀와 더불어 한 곳에서 교훈하게 하고, 그 의술의 학습이 성취하기를 기다려서 도로 보내도록 하소서." 하니, 그대로 따랐다.
>
> _《세종실록》 1424. 12. 4.

세종 시대에 베푼 양로연(養老宴)도 사회적 약자를 배려하는 세종의 원칙에서 볼 때 특기할 만하다. 임금은 나이 든 사람을 공경해야 사회풍속이 바로 선다며 90세 이상의 노인들에게 특별 관직과 봉작을 수여했다. 실직은 아니지만 명예직으로라도 벼슬을 내려 노인을 공경하는 풍속을 만들고자 한 것이다.

천인에게는 90세를 넘기면 남녀 불문하고 무조건 쌀 두 석을 내렸으며, 100세를 넘기면 남녀 모두 천인 신분을 면하도록 했다. 태어날 때는 천인으로 태어났지만 죽을 때는 양인의 신분으로 죽도록 한 것이다.

여든 살 이상의 노인들을 위해서는 양로연을 베풀어 위로했다.

임금이 베푼 이 양로연에는 신분에 상관없이 모든 노인들이 참석했다. 양반이든 양인이든 천인이든 한 자리에 모여 임금이 내린 음식을 먹고 술을 마셨다. 승지들이 천인의 양로연 참가를 제한해야 한다고 말하자 임금은 온당치 않다고 물리쳤다.

> 양로하는 까닭은 그 늙은이를 귀하게 여기는 것이고, 그 높고 낮음을 헤아리는 것이 아니니, 비록 지천한 사람이라도 모두 들어와서 참예하게 하고, 그 장죄를 범하여 죄를 입어 자자한 자는 참예하지 못하게 하라.
>
> _《세종실록》 1432. 8. 17.

세종이 베푼 양로연은 이벤트성 행사가 아니라 노인을 공경하는 진심에서 우러나온 것이었다. 그래서 참석한 노인들은 다 진실로 감읍했다.

> 사정전에 나아가 의식과 같이 양로연을 베풀었다. 이귀령은 나이가 89세인데 잔치가 장차 끝날 무렵에 아뢰기를, "양로의 예를 일으켜서 노인을 우대하시니 심히 거룩한 일이옵니다. 또 예악을 제작하여 전장과 문물이 밝게 갖추었으니 신이 더욱 기뻐하고 경축하옵니다. 신은 나이가 이미 늙어 보답할 길이 없사옵고, 다만 성수의 만년을 축수하고, 또 신의 나이로 성상의 수를 기약하옵니다."
>
> _《세종실록》 1434. 8. 22.

노인들은 임금이 베푼 잔치에 흥겨운 마음으로 참석했다. 분위기가 무르익을 때 즉석에서 일어나 춤을 추는 할머니도 있었으며, 잔치가 끝날 즈음이면 노인들은 모두 술에 어지간히 취해 자식들의 부축을 받은 채 집으로 돌아갔다.

세종은 임금은 하늘을 대신해서 만물과 백성을 다스리는 자리라는 생각으로 국가를 경영했다. 그런 소신을 가지고 있었기에 세종은 노비나 여성, 죄수, 노인과 같은 사회적 약자들을 우선으로 배려하는 정책을 폈다. 하늘이 골고루 비를 내리듯이 임금도 신분을 뛰어넘어 모든 백성을 평등하게 대해야 한다는 것이 세종의 원칙이었다.

31

사대를 하는 대신 철저하게 실리를 취하다

외교에서도 나라를 이롭게 하는 것이 세종의 가장 큰 원칙이었다. 그래서 철저하게 실용주의적 관점에서 외교정책을 폈다. 시대 상황이나 정치 역학으로 볼 때 조선은 어차피 명나라에 사대할 수밖에 없는 처지였다. 더구나 조선의 사대부들은 명나라에 대한 사대를 당연히 지켜야 할 도리로 여겼다. 심지어는 조선 임금의 신하이기에 앞서 명나라 황제의 신하임을 자처하는 자들도 적잖았다. 세종은 이런 현실을 인정하되 오히려 역이용하여 철저하게 실리를 추구했다.

명나라는 조선에 파견한 외교 사신들을 통해 막대한 조공을 요구했다. 사신들은 황제의 명을 앞세워 사사로이 뇌물까지 챙겼다.

특히 태감(환관) 황엄의 횡포는 도를 넘었다. 세종 1년(1419) 1월 19일, 조선을 방문한 황엄은 황제의 명이라면서 환관 40명과 불경을 인쇄할 종이 2만 장을 요구했다. 사적으로는 금은보화를 두둑이 챙겼다.

명나라는 환관 외에 공녀, 말 등을 요구하기도 했으며 심지어는 부처의 사리, 해동매 등 희귀한 물품들을 조공으로 바칠 것을 요구했다. 이러한 명의 요구는 세종 재위 32년 내내 이어졌으며 외교 사신들의 뇌물수수도 계속되었다. 세종은 비굴하다고 할 정도로 고분고분 명의 요구에 응했다. 책을 잡히지 않기 위해 황엄을 비롯한 사신들도 융숭하게 접대했고, 그들이 요구하는 것은 특별히 문제가 있는 것이 아니면 모두 들어주었다.

하지만 조선이 일방적으로 명나라에 조공만 바친 것은 아니었다. 조선의 조공에 대해 명나라도 정례적으로 답례했기 때문이다. 따라서 일부 학자들이 사대라고 비판하는 세종 시대의 조공은 일종의 국가 간 무역으로 보는 것이 타당하다. 대표적인 사례로는, 세종 1년(1419) 8월 17일 명나라가 사신 황엄을 통해 부처의 사리를 요구할 때 명나라는 양 1,000여 마리를 비롯한 답례품을 조선에 보냈다.

> 상왕과 임금이 조칙을 받고 행례하기를 절차대로 한 뒤에, 사신에게 다례를 대접할 때에, 사신이 상왕에게 말하기를, "황제께서 신에게 이르시기를, 중국에 술이나 과일이 없는 바는 아니지만, 길이 하

도 멀다 하시고, 생견 300필과 안팎 옷감 30필과 양 1,000마리를 하사하시어, 술과 과일 값으로 하라 하시었으니, 이상의 물건들을 왕이 받으시고, 왕의 나라에 있는 것으로 잔치를 차리게 하시오." 하고, 사신이 먼저 태평관으로 돌아가니, 병조참판 이명덕과 지신사 원숙을 보내어, 채백 15필, 채견 15필, 생견 300필, 양 8마리, 거위 16마리,《음즐서》1,000권을 받아 오게 하였다.

_《세종실록》1419. 8. 17

여기서 《음즐서(陰騭書)》는 음덕(陰德)을 받는다는 서적을 말한다. 명나라에 대해 철저하게 사대로 일관한 세종의 외교정책 덕분에 세종 재위 시 명과의 외교적 마찰은 거의 없었으며, 영토 문제에서는 상당한 실리를 챙겼다. 변방을 자주 침탈하는 여진족을 정벌하기 위해 명나라 황제에게 공문을 보내 공식적으로 중국의 국경을 넘을 수 있는 권한을 부여받았으며, 최윤덕과 김종서를 파견해 4군6진을 개척했다.

32

재난에 대비하는 시스템을 구축하다

세종 8년(1426) 2월, 한양 도성에는 큰 화재가 발생했다. 임금은 강원도 횡성에서 강무(사냥을 겸한 군사훈련) 중이었고 도성에는 왕비와 일부 대신들만 남아 있었다. 한성부 남쪽에서 시작된 불은 순식간에 한양 도성 전체로 번졌고, 정부 기관과 백성들의 민가가 불에 탔다.

> 이날 점심때에 서북풍이 크게 불어, 한성부의 남쪽에 사는 인순부의 종 장룡의 집에서 먼저 불이 일어나 경시서 및 북쪽의 행랑 116간과 중부의 인가 1,630호와 남부의 350호와 동부의 190호가 연소되었고, 인명의 피해는 남자 9명, 여자가 23명인데, 어린아이와

늙고 병든 사람으로서, 타죽어 재로 화해버린 사람은 그 수에 포함되지 않았다.

_《세종실록》 1426. 2. 15.

잠시 불길이 잡히는 듯했지만 이틀 뒤 또 다른 화재가 발생했다. 건조한 날씨에 바람까지 심하게 불어 삽시간에 한양 중심부가 잿더미로 변해버렸다. 왕이 자리를 비운 사이에 대화재를 맞았지만 왕비는 침착하게 대처했다. 심씨는 종묘사직을 보존하는 것이 가장 급하다고 보고 종묘와 창덕궁으로 불이 옮겨 붙지 않도록 최선을 다했다. 조사 결과 화재 원인은 방화였다. 임금이 추진한 화폐 정책에 불만을 품은 백성들이 불을 질렀고, 그중 일부는 화재를 틈타 민가에 난입하여 재물을 약탈해갔다.

소식을 접한 임금은 즉시 환궁하여 복구 작업을 진두지휘했다. 가장 먼저 취한 조치는 이재민 구호조치였다. 화재를 입은 집을 조사시켜 식구 수대로 적절한 구호물품을 내리고 복구에 필요한 목재를 지원하도록 했다. 그리고 화상 환자는 속히 의원 치료를 받도록 하고, 사망자 가족에게는 장사에 필요한 물품을 지원하도록 했다.

예조에 전지하기를, "화재를 입은 여러 집과 가산이 모두 타서 식량이 떨어진 자들의 인구를 조사하여 식량을 공급하고, 화상을 입은 자는 의원으로 하여금 치료하게 하고, 사망한 자는 한 사람에 대하여 쌀 1석과 종이와 거적 등의 물품을 주어 매장하게 하고, 그 중에

친족이 없는 자는 관청에서 장사에 쓸 기구를 주어 한성부로 하여금 사람을 시켜서 장사지내게 하라."

_《세종실록》 1426. 2. 16.

중요한 사실은 임금의 대책이 일회성으로 그치지 않았다는 점이다. 화재를 계기로 도성과 궁궐의 화재 예방 매뉴얼을 만들도록 했고, 화재 발생 시 피해를 최소화하기 위해 도로를 넓히고 소방 방재 시스템을 갖추도록 했다. 한양의 행랑에 방화벽을 쌓고 일정한 간격으로 우물을 파도록 했고, 종묘와 궁궐, 종루에 불을 끄는 기계를 설치하도록 했다. 특히 궁궐은 화재가 나면 무방비 상태에 놓일 수밖에 없는 구조여서 이에 대한 구체적인 조치를 지시했다.

승정원에게 전지하기를, "근정전이 높아서 만일 화재가 있다면 창졸간에 오르기가 어려울 것이니, 쇠고리를 연쇄하여 처마 아래로 늘여 놓았다가, 화재가 있으면 이를 잡고 오르내리게 하는 것이 어떠한가. 또 옥상이 위험하여 불을 잡으려던 자가 미끄러질 경우 잡을 만한 물건이 없으니, 역시 긴 쇠고리를 만들어서 옥상에 가로 쳐 놓는 것이 어떤가. 총제 이천과 더불어 이를 의논하여 아뢰라." 하니, 이천 등이 아뢰기를, "성상의 하교가 실로 지당하옵니다." 하므로, 드디어 선공감에 명하여 근정전·경회루·사정전·문무루·인정전·광연루·모화관에 사용할 쇠고리를 만들어 바치게 하였다.

_《세종실록》 1431. 1. 2.

여기서 더 나아가 화재 진압을 담당하는 상설기구로 금화도감(禁火都監)을 설치했다. 오늘날의 소방방재청과 같은 기구다. 세종은 이처럼 같은 재난이 반복되지 않도록 종합 재난 예방 시스템을 구축한 것이다. 아울러 일종의 '화(火)파라치' 제도를 도입하여 화재 예방의 실효성을 높였다. 방화하는 자를 고발하면 모두에게 면포 200필을 지급함과 아울러 양민에게는 상을 주고, 천민은 양민으로 올리도록 했다. 이런 획기적인 제도의 도입으로 한양 도성의 화재 건수는 급격하게 줄었다.

33

신중하게 결정하되 원칙은 끝까지 지키다

조선 초기의 조세 제도는 손실답험법이 기초였다. 추수가 끝난 후 각 지역별로 수확량을 조사해 세액을 탄력적으로 결정하는 제도다. 수확이 좋은 논에 대해서는 세액을 늘리고, 그 반대의 경우에는 세액을 감해주는 제도로, 원칙대로만 하면 백성들로서는 마다할 바가 아니었다. 하지만 문제는 손실을 답험(현장을 답사해서 수확량을 추계, 확정)하는 관리들의 농간으로 백성들의 피해가 극심하다는 점이다. 세종은 이런 폐단을 없애기 위해 공법을 도입하기로 마음먹는다.

공법은 미리 정해놓은 일정한 세율에 따라 세금을 거두어들이는 제도로, 관리들의 횡포를 줄여 조세의 공정을 꾀하고 국가의 세수를 늘리는 장점이 있었다. 공법 도입 과정에서 눈여겨볼 대목은, 돌다리도 두들겨 보고 건너는 태도로 신중하고 또 신중했다는 점이다.

세종은 새로운 제도의 도입에 따른 부작용을 면밀하게 검토했으며, 그런 부작용을 최소화하기 위해 전국 백성을 상대로 여론조사까지 실시했다. 공법 도입을 위한 사전 정지 작업의 하나로 조세 개혁을 과거시험의 책문으로 제시하기도 했다. 젊은 선비들의 머리에서 나오는 참신한 아이디어를 발굴하기 위한 조치다.

> 인정전에 나아가서 문과 책문의 제를 내었다. "백성을 사랑하는 시초란 오직 백성에게 취하는 제도가 있을 뿐이다. 손실을 실지로 조사하는 일도 구차스럽게 사랑하고 미워하는 감정 여하에 따라, 올리고 내림이 자기 손에 달리게 되면, 백성이 그 해를 입을 것이니, 이 폐단을 구제하고자 한다면 마땅히 공법에서 이를 구해야 될 것이다. 공법은 하나라의 책에 기재되어 있고, 비록 주나라에서도 또한 조법이 있어서 향과 수에는 공법을 사용하였다고 하나, 다만 그것이 여러 해의 중간을 비교하여 일정한 것을 삼음으로써 좋지 못하였다고 이르는데, 공법을 사용하면서 이른바 좋지 못한 점을 고치려고 한다면, 그 방법은 어떻게 해야 하겠는가." 하였다.
>
> _《세종실록》 1427. 3. 16.

책문에서 알 수 있듯 임금은 손실답험법의 폐해를 꿰뚫어보고 있었다. 그래서 대안으로 공법을 도입하기로 결심한 것이다. 그런데 그 공법이란 게 주나라에서 실시한 사례에서 알 수 있듯이 부작용이 만만치 않았다. 그 부작용을 최소화하면서 조세 개혁에 성공하려면 어떤 방안이 있겠는지 선비들의 의견을 구하고 있다.

과거시험에서 구체적으로 어떤 답안들이 나왔고, 그것들이 공법 도입 과정에서 어떻게 활용되었는지를 알 수 있는 기록은 실록에서 찾아볼 수 없다. 다만, 공법 도입의 필요성을 임금이 앞장서서 공론화했다는 점에서 의의가 크다.

세종은 17만여 명의 백성을 상대로 대규모 여론조사를 실시하여 공법 도입에 따른 찬반 의견을 구했다. 그리고 이를 바탕으로 세종 18년(1436) 상정소(詳定所)를 설치하여 세목과 세율을 정하도록 했다. 상정소는 새로운 법전·법규를 제정하거나 정책·제도를 마련하기 위해 설치하는 임시기구다. 오늘날의 '태스크포스 팀'이라고 보면 된다.

임금이 과거시험의 책문으로 제시한 이후 무려 9년 만에 새로운 제도를 도입하기 위한 공식기구가 설치된 것이다. 공법을 도입하기로 결정이 났지만 도입에 따른 부정적 측면을 우려하는 신하들의 목소리도 이어졌다. 하지만 원칙을 정한 후에는 공법 도입 자체를 유보하자는 주장은 더 이상 받아들이지 않는다.

황해도 감사가 아뢰기를, "본도가 을묘년부터 비와 물이 재변을 이루어서 볏곡이 여물지 않았고, 금년에는 한재로 인하여 더욱 흉년이

들었습니다. 비옵건대, 백성들의 소망에 따라서 옛 답험법대로 손해가 있는 만큼 조세를 덜어 주도록 하고, 해를 기다려서 곡식이 약간 잘된 뒤에야 공법을 시행하도록 하소서." 하였으나, 윤허하지 아니하였다.

_《세종실록》 1437. 7. 27.

다만 현지 사정을 감안하여 흉년을 당한 사람들의 조세를 대폭 감면해주는 방향으로 제도를 융통성 있게 운용하고자 했다.

호조에 전지하기를, "함길도 각 고을은 근년 이래로 다른 도에 없는 방어와 성 쌓는 것 같은 일이 자못 많으니, 금년에 수세는 이번에 반포해서 시행한 공법의 수량에서 특히 2분의 1을 감하도록 하라. 그 새로 설치한 네 고을에 들어가 사는 인민과 길주와 경성에 새로 들어가서 살고 있는 인민은 온 집안이 옮겨 가서 생활이 제대로 되지 못할 것이므로 더욱 가련하니, 금년 토지의 조세는 이번에 반포한 공법에 일찍이 3분의 1을 감했는데, 반분을 감해서 조세를 거두도록 하라. 평안도 자성·강계 등지에 금년 봄철에 새로 들어가서 살고 있는 인민의 금년 토지의 조세도 역시 이번에 반포한 공법의 수에서 모두 3분의 1을 감하게 하라." 하였다.

_《세종실록》 1437. 7. 28.

공법은 시행 시기에 다소 논란이 있긴 하지만 실록으로 보면 세종 19년(1437)에 법률로 확정해서 반포되었다. 다만 부작용이 따르자 임금은 전면적으로 실시를 유보했다. 각 도에서 공법 시행에 따른 문제점이 많다는 여론이 대두되자 우선 일부 도에서 시범으로 실시한 후 전국으로 확대 실시하도록 했다. 하지만 재해가 심해 그마저도 여의치 않게 되자 시행 자체를 재검토하기에 이른다.

> 임금이 도승지 신인손과 좌부승지 권채를 다시 불러서 하교하기를, "지금의 공법을 당초에는 대신들과 더불어 의논을 정하여 한두 고을에 시험해 보고자 하였더니, 대신들이 청하기를, '한 도에서 시행하여 본 뒤에야 그 편의 여부를 알 수 있다.' 하고, 뒤에 또 청하기를, '팔도에서 시행하자.'고 하므로, 나 역시 금년 6월 이전은 우로가 적당해서 혹시나 풍년이 되어 이 법을 시행할 수 있다고 하여, 이미 경중과 외방으로 하여금 시행하게 했지만, 7월 이후에는 비와 가뭄이 고르지 못하여 여러 도의 농사가 불실하고 혹은 풍재와 충재도 있어서 백성이 살 수 없게 되었으니, 이 법을 갑자기 시행하기에는 어려울 것 같다. 그러나 당초에 대신들과 더불어 물어서 정한 일이라, 나 혼자 마음대로 할 수 없으니, 공법 제조에게 의논하여 아뢰라."
>
> _《세종실록》 1437. 8. 27.

결국 공법은 토질이 좋은 경상도와 전라도에서 우선 시범 실시하는 것으로 결론이 났다. 이후에도 반대 목소리가 있었지만 임금은 더 이상의 논란을 용인하지 않았다. 귀를 열고 여론을 충분히 수렴하되 결론이 난 사안은 소신껏 밀어붙인 것이다. 세종 21년(1439), 임금은 사간원의 반대 상소를 단호하게 물리쳤다.

"지금 큰 법을 세우고자 하는데 너희들이 어찌 이렇게 번거롭게 청하는가." 하고 드디어 윤허하지 아니하였다.

_《세종실록》 1439. 7. 21.

세종 22년(1440)에도 그러한 원칙을 다시 한 번 천명했다.

공법을 행함에 있어서 싫어하는 자가 많다. 그러나 이미 세워진 법을 고칠 수는 없다.

_《세종실록》 1440. 6. 4.

심지어 세종은 지역 주민들이 신문고를 통해 직접 불편함을 호소하면서 예전의 손실답험법으로 돌아가게 해달라는 상소를 올려도 원칙을 바꾸지 않았다.

경상도 주민 1,000여 명이 등문고를 쳐서 공법의 불편을 아뢰고, 답험손실법을 회복하고자 하였으나, 윤허하지 아니하였다.

_《세종실록》 1440. 9. 3.

지난한 과정이었지만 임금은 끝까지 중심을 잃지 않고 조세 개혁을 추진했다. 신하들과 백성들의 여론을 광범위하게 수렴하고 혹시 있을 부작용으로 민생이 더 나빠지는 것을 막기 위해 최선을 다했다. 세종 23년(1441)에는 공법을 충청도까지 확대 시행했으며, 지방 관리로 파견되는 신하들을 인견하는 자리에서는 혹여 백성들이 공법으로 인해 불편해 하지는 않는지 잘 살필 것을 당부했다.

이후로도 신하들의 반대로 몇 차례 시행착오를 겪었지만 세종은 원칙 자체를 폐기하지는 않았다. 세종의 치밀하고 세심한 관심과 배려, 폭넓은 여론 수렴과 설득 작업, 원칙을 한 번 세운 후에는 흔들리지 않고 밀고 나가는 강인한 리더십을 토대로 조선시대 조세의 골격인 공법은 서서히 자리를 잡아갔다.

6장

훈민정음 창제의 원칙

"너희들이 이르기를, '음을 사용하고 글자를 합한 것이 모두 옛 글에 위반된다.' 하였는데, 설총의 이두도 역시 음이 다르지 않으냐. 또 이두를 제작한 본뜻이 백성을 편리하게 하려 함이 아니하겠느냐. 만일 그것이 백성을 편리하게 한 것이라면 이제의 언문은 백성을 편리하게 하려 한 것이다. 너희들이 설총은 옳다 하면서 군상의 하는 일은 그르다 하는 것은 무엇이냐."

34

지극한 애민정신으로 새로운 문자 창제에 나서다

한글은 세계에서 가장 뛰어난 문자라는 평가는 한국인들의 자화자찬이 아니라 세계적인 석학들의 공통된 의견이다.

퓰리처상 수상작 《총·균·쇠》의 저자 제래드 다이아몬드는 국내의 한 방송사에 출연해 한글을 찬사했다. "한글에 비교할 때 세계의 다른 언어들은 모두 형편없다." 그는 《총·균·쇠》 한국어판 서문에서도 한글이 세계에서 가장 우수한 문자체계라며 그 우수성을 극찬했다.

하버드 대학의 라이샤워, 페어뱅크 교수는 "한글이 세계에서 가장 과학적인 문제체계"라고 공언했다. 시카고 대학의 언어학 교수 제임스 맥콜리는 매년 한글날이 되면 수업을 포함해 모든 일정을 중단하고 자신의 아파트에 학생들과 지인들을 초청해 한글날 파티를 여는데, 그 이유를 이렇게 말한다. "이날은 언어학자들의 영광을 위한 유일한 공휴일이기 때문이다."

이처럼 한글은 과학적으로 고안된 만큼 쉽게 배울 수 있다는 장점도 있다. 의정부 우참찬 정인지는 훈민정음 해례본 서문에서 "슬기로운 사람은 반나절 만에 깨우칠 수 있고, 어리석은 사람이라도 열흘이면 배울 수 있다"고 했다. 조선의 공식 언어는 여전히 한자였지만 일반 백성들 사이에서는 한글이 빠른 속도로 뿌리를 내렸다. 임금은 관료를 뽑는 시험에 훈민정음 과목을 포함시키고 각종 서적을 한글로 편찬하도록 하는 등 한글의 대중화에도 힘을 기울였다.

세종은 왜 훈민정음을 만들었을까? 어려운 한자 때문에 대부분 문맹일 수밖에 없는 백성들은 숱하게 억울한 일을 당했다. 모르고 당하고, 당하고 나서도 그 억울함을 되돌릴 길도, 어디 하소연할 길도 없었다. 임금은 글자를 몰라 소송에서 억울하게 당하는 가난한 백성들의 고충을 매우 안타까워했다.

그래서 한자를 모르는 백성들도 법률 조항을 쉽게 알아볼 수 있도록 관련 문서를 번역하는 일에 많은 관심을 가졌다. 처음에는 이두를 써서 법률 체계를 재정비하려 했다. 하지만 이두도 한자를 어느 정도 알아야 해독할 수 있는 문자여서 여전히 어려울 수밖에 없었다. 그래서 이 작업은 중도에 폐기되었다.

말과 글의 불일치로 겪은 백성들의 고충을 덜고자 임금이 얼마나 치열하게 고민했는지를 알면, 임금이 왜 우리글을 만들려고 그토록 애썼는지 굳이 물을 필요가 없다.

> 임금이 또 말하기를, "자제들을 중국에 보내어서 입학하는 일은 내가 매양 생각하니, 부모처자와 서로 이별하는 정은 진실로 참을 수 없는 일이다. 그러나 우리나라가 중국과 사귀는 데에 요긴한 것은 오로지 중국어와 이문에 있는데, 이제 우리나라 통사가 겨우 자기의 할 말은 할 줄 알되, 중국 사람의 말은 잘 알아듣지 못하여서 관계되는 것이 가볍지 아니하니 염려하지 않을 수 없다. 나는 생각하기를, 이문(吏文)은 우리나라 사람이 비록 다 알지는 못할지라도 그래도 문자로 통할 수가 있지만, 중국에 가서는 언어로서 통화하는 일이 퍽 많은데, 중국 사람의 말하는 뜻을 잘 알아듣지 못하면서 어떻게 잘 대답할 수 있겠는가. 대체로 언어라는 것은 털끝만한 차이로 만사가 그릇될 수 있으니 진실로 염려되는 것이다."
>
> _《세종실록》 1433. 윤8. 29.

이두가 무용지물이라는 사실을 깨달은 임금은 이때부터 본격적으로 훈민정음 창제 작업에 나섰다. 임금은 "백성들이 누구나 쉽게 배울 수 있는 새로운 문자를 만들어 글을 몰라 억울하게 소송에서 패하는 백성이 없도록" 배우고 사용하기 쉬운 문자를 만들었다. 훈민정음 서문에서 "어리석은 백성이 말하고자 하는 바가 있어도 마침내 제 뜻을 펴지 못하는 사람이 많다"고 한 것은 이런 사정을 두고 한 말이다.

세종은 이런 뜻으로 새로운 문자 창제에 나섰지만 신하들의 도움 없이 혼자서 비밀리에 수행해야 하는 프로젝트라서 당대에 완수해야 했으므로 무엇보다 필요한 것은 시간이었다. 이때 임금이 세운 전략이 선택과 집중이다.

세종은 우선 정부구조를 개편해서 시간을 벌었다. 임금이 육조의 장관들로부터 현안을 직접 보고받는 육조직계제에서는 임금의 업무량이 과다했다. 그래서 삼정승으로 구성된 의정부에서 먼저 육조의 업무를 보고받아 검토한 후에 핵심만 정리하여 임금에게 다시 보고하는 형태의 의정부서사제로 정부 운영체제를 바꾼 것이다. 자연히 임금의 업무량이 크게 줄었다.

조선 건국 초기에는 신권국가를 꿈꾸는 정도전을 비롯한 신하들의 입김이 세서 의정부서사제로 정부가 운영되었다. 그러다가 정도전을 제거하고 우여곡절 끝에 왕위에 오른 태종이 왕권 강화를 목적으로 육조직계제로 바꾼 것인데, 세종이 새로운 문자 창제의 필요에서 이를 원래대로 환원시킨 것이다.

하지만 그것만으로는 시간 확보가 충분하지 않자 임금은 초강수를 두었다. 건강을 핑계로 세자에게 섭정을 시키고 자신은 아예 물러나 앉은 것이다. 세종에게는 새로운 문자 창제가 그만큼 절실한 과업이었다. 신하들이 극렬하게 반대했지만 임금은 끝내 세자 섭정을 관철시켰다. 그리하여 창제 작업에 온전히 몰두할 수 있는 여건을 마련한 것이다.

35

그 어려운 창제 작업을 혼자서 감당하다

훈민정음은 이 세상에 존재하는 수천 개의 문자 가운데 만든 시기와 만든 사람, 창제 원리가 알려져 있는 유일한 문자다.

세계에서 가장 많이 쓰는 알파벳만 해도 특정 개인이 창제하기는커녕 단일 계통을 통해 발달한 문자도 아니다. 알파벳은 이집트 문자와 수메르 문자의 영향을 받아서 페니키아 인이 만든 것으로 전해지는데, 페니키아 문자는 그리스 문자, 라틴 문자를 거쳐 오늘날과 같은 형태로 발전한다. 그리스인은 그리스 말에 알맞은 글자를 몇 개 추가하여 그리스 알파벳을 만들어 사용했다. 그뒤 페니키아와 그리스를 정복한 로마는 그리스 알파벳을 받아들여 오늘날의 알파벳과 거의 비슷한 알파벳을 만든다. 오늘날 영어에 쓰이는 알파벳은 거의 다 로마인이 쓰던 라틴어 알파벳에서 온 것이다.

한자 역시 중국의 신화시대인 서기전 3000년경에 전설상의 인물인 복희씨가 만들었다고 추정할 뿐 정확한 창제 시기조차 알려지지 않고 있다.

한글은 실록에 창제 시기와 반포 시기, 창제 원리가 자세하게 기록되어 있다. 1443년 12월 30일 처음으로 만들었고, 3년 후인 1446년 9월 29일 반포되었다. 음력 9월 29일을 양력으로 환산한 10월 9일을 한글날로 기념하는 것도 이 기록에 근거를 둔 것이다. 창제 원리에는 하늘과 땅, 사람으로 이루어진 우주만물의 작동 원리와 음양오행, 사람의 발성기관 등이 망라되어 있다.

한글 창제는 누가 주도했는지의 문제는 그동안 논란이 분분했다. 세종과 집현전 학사들의 공동 창제설이 가장 폭넓은 지지를 받고 있는데, 성현의 《용재총화》를 근거로 삼는다.

> 세종께서 언문청을 설치하고 신숙주와 성삼문 등에게 명해 언문을 만들게 했다. 언문은 처음에 종성이 8자, 초성이 8자, 중성이 12자로, 글자의 모양은 범자를 본떠서 만들었다. 우리나라뿐 아니라 여러 나라의 말과 글자 중에 기록할 수 없던 것도 모두 통해 막히는 것이 없었다. 《홍무정운》의 한자도 모두 언문으로 쓰고, 5음으로 나누어서 아음(어금닛소리), 설음(혓소리), 순음(입술소리), 치음(잇소리), 후음(목청소리)으로 구분했다. 비록 무지한 부인들이라 해도 쉽게 깨우칠 수가 있었으니, 성인이 사물을 만들어내는 지혜는 평범한 사람의

능력으로 미칠 수 있는 바가 아니다.

_성현, 《용재총화》

성현은 세종이 처음부터 언문청(실록에는 정음청으로 나와 있다)을 설치하여 신숙수, 성삼문 등의 집현전 학사들을 동원해 훈민정음을 창제한 것으로 말한다. 성현의 이 기록은 훈민정음의 언어학적 원리나 특징 등을 자세하게 묘사하고 있어 상당한 설득력을 지닌 것처럼 보인다.

하지만 실록을 잘 살펴보면 그렇지 않다. 세종 25년(1443) 12월 30일자 실록에는 "이 날짜에 훈민정음 28자를 새로 만들었다"는 기사가 나오는데, 이 기사가 나오기 전까지 실록에서는 훈민정음 창제와 관련된 그 어떤 기사도 찾아볼 수 없다. 추론하거나 짐작할 수 있는 문구조차 발견할 수 없다. 임금과 신하들이 공동 작업을 했다면 국가의 공식 프로젝트로 공론화되었을 것이고, 그렇다면 실록에 어떤 형태로든 창제와 관련된 기사가 연이어 등장했을 것이다. 하지만 실록에는 이와 관련된 기사가 단 한 줄도 없다. 훈민정음 창제가 철저하게 비밀리에 진행된 것으로 보이는 정황이다.

이러한 정황으로 보면 훈민정음은 세종이 단독 창제했다는 쪽으로 무게가 기운다. 정인지, 성삼문, 신숙주와 같은 집현전 학사들이 훈민정음과 관련하여 상당한 역할을 했지만 그것은 훈민정음이 창제된 1443년 12월 30일 이후의 일이다. 세종은 비밀리에 단독으로 훈민정음을 창제해 놓고, 그것을 공식화하기 위해 이후 3년간 새로운 문자 창제에 우호적인 신하들을 참여시켜 필요한 역할을 맡긴 것이다.

세종은 새로운 문자 창제 계획을 국가 공식 라인에 노출시키지 않고 철저하게 비밀에 부친 채 믿을 만한 가족 몇몇만의 도움을 받아 진행한 것이다. 뒤에서도 말하겠지만 집현전 부제학 최만리가 주동이 되어 훈민정음 반포를 극렬히 반대한 것만 봐도 임금이 창제 작업을 집현전 학사들과 공동으로 벌였다면 그 오랜 기간 동안 최만리가 몰랐을 리가 없다. 그랬다면 창제 전부터 들고 일어나 난리법석을 피웠을 것이다. 하지만 훈민정음이 창제되기까지 실록에는 거짓말처럼 관련 기사가 단 한 줄도 없다.

그렇다면 세종은 왜 극비리에 새로운 문자 창제를 진행해야 했을까? 그건 당시 조선의 국체와 중국과의 관계를 고려한다면 상식적인 일이다. 새로운 문자를 창제한 사실을 두고 신하들이 벌떼처럼 들고 일어나 반포에 반대하며 임금을 공격한 실록의 기록만 봐도 왜 임금이 창제를 비밀에 부쳤을지 금세 알 수 있는 일이다.

양반계급에게 문자의 독점은 기득권을 유지하는 중요한 수단이다. 법적으로는 양인이면 누구나 과거시험을 볼 자격이 있지만, 군역이다 부역이다 해서 온갖 의무를 지고 생업에 종사해야 하는 양인은 어려운 한문으로 경전이나 문학을 공부할 시간을 낼 수가 없고 비용도 지불할 수 없다. 문자의 벽에 막혀 사실상 과거시험을 볼 기회조차 원천 차단된 것이다. 반면에 권리만 차지했지 모든 의무가 면제된 양반사대부들은 태어날 때부터 직업이 공부하는 학생이었다. 그러니 조선에서 문자는 신분제도와 더불어 양반체제를 지탱하는 양대 기둥이다. 그런 기둥 하나를 무너뜨리려 하는데 양반사대부들이 저항하지 않는다면 그것이 더 이상한 일이다.

누구나 쉽게 배워서 사용할 수 있는 문자가 널리 퍼지면 양반들의 문자 독점체제가 끝나면서 조선의 신분사회는 그 밑동부터 흔들릴 것이다. 이것은 임금도 신하들도 너무 잘 아는 사실이다. 그래서 임금은 철저하게 조신들을 배제하고 혼자서 훈민정음 창제 작업에 들어간 것이다. 만일 훈민정음 창제 프로젝트가 중도에 밖으로 새나갔다면 좌초되었을 가능성이 높다. 신하들의 반대상소가 빗발치고 갑론을박하느라고 정작 창제 작업은 손도 못 대고 세월만 보내다 물 건너가고 말았을 것이다.

훈민정음 창제 사실이 알려진 후 임금의 이러한 우려는 현실로 나타났다. 최만리를 비롯한 집현전의 학사들이 연명으로 반대 상소문을 올린 것이다. 최만리는 집현전 부제학으로서 실질적인 책임자였고, 연명에 이름을 올린 집현전 학사들도 임금이 아끼던 신하들이었다. 참고로 집현전, 홍문관, 예문관, 규장각의 명목상 수장은 제학(정1품~종2품)으로 겸직의 명예직이고, 정1품인 경우에는 대제학으로 불렸다. 그래서 정3품의 부제학이 실질적인 리더로서 기관의 장관이었다.

이들 조신들은 중국과의 외교적 마찰을 가장 우려한다고 했지만 그것은 표면상의 이유에 불과했고 실제로는 자신들이 독점하던 문자권력이 붕괴될 것을 두려워한 것이다.

임금은 이러한 반대를 충분히 예상하고 있었으므로 논리적으로 조목조목 그들의 주장을 반박했다. 그 덕분에 한글 창제에 따른 반대 상소의 파장은 더 확대되지는 않았다. 그렇다 해도 임금의 근심이 사라진 것은 아니었다. 공식으로 반포하기까지, 그리고 백성들이 널리 쓰도록 하기까지는 넘어야 할 산이 첩첩이었다.

36

반대론은 논박으로 응대하되 다만 무례를 처벌하다

세종 25년(1443) 12월 30일, 임금은 훈민정음 창제 사실을 전격 발표했다. 조정은 벌집을 쑤신 듯 발칵 뒤집혔다. 멀쩡하게 잘 쓰고 있는 한자를 놔두고 새로운 문자를 만들다니, 사대부들로서는 충격적이고도 괴이한 사건이었다. 양반사대부 계급의 대표인 임금이 계급의 이익을 지켜주기는커녕 해괴한 문자를 만들어 계급을 망하게 하려 하다니, 그야말로 청천벽력이었다.

이때부터 조정의 여론은 둘로 갈린다. 정인지, 성삼문, 박팽년 같은 집현전의 젊은 학사들은 임금이 창제한 훈민정음에 비교적 우호적 태도를 보인 반면에 집현전 부제학 최만리와 정창손 등은 극렬하게 반대했다.

세종 26년(1444) 2월 20일, 최만리 등은 두 달 정도의 여론 수렴 끝에 훈민정음에 반대하는 상소를 올린다.

집현전 부제학 최만리 등이 상소하기를, "신 등이 엎디어 보옵건대, 언문을 제작하신 것이 지극히 신묘하와 만물을 창조하시고 지혜를 운전하심이 천고에 뛰어나시나 신 등의 구구한 좁은 소견으로는 오히려 의심되는 것이 있사와 감히 간곡한 정성을 펴서 삼가 뒤에 열거하오니 엎디어 성재하시옵기를 바랍니다.

_《세종실록》 1444. 2. 20.

최만리 등은 여섯 가지 근거를 들어 반대 이유를 밝힌다.

첫째는 훈민정음의 창제가 중국에 대한 사대의 관행에 어긋난다는 것이다. 이들은 만일 중국이 이 사실을 알고 항의하면 큰 외교적 마찰이 있을 것이라고 주장한다.

우리 조선은 조종 때부터 내려오면서 지성스럽게 대국(大國)을 섬기어 한결같이 중화의 제도를 준행하였는데, 이제 글을 같이하고 법도를 같이하는 때를 당하여 언문을 창작하신 것은 보고 듣기에 놀라움이 있습니다. 만일 중국에라도 흘러 들어가서 혹시라도 비난하여 말하는 자가 있으면, 어찌 대국을 섬기고 중화를 사모하는 데에 부끄러움이 없사오리까.

_《세종실록》 1444. 2. 20.

둘째는 훈민정음을 만들어 사용하게 되면 조선이 스스로 오랑캐의 나라가 되겠다고 선언하는 것에 다름없다는 것이다.

> 예로부터 구주의 안에 풍토는 비록 다르오나 지방의 말에 따라 따로 문자를 만든 것이 없사옵고, 오직 몽고·서하·여진·일본과 서번의 종류가 각기 그 글자가 있으되, 이는 모두 오랑캐의 일이므로 족히 말할 것이 없사옵니다. 따로 언문을 만드는 것은 중국을 버리고 스스로 이적과 같아지려는 것으로, 문명의 큰 흠절입니다.
>
> _《세종실록》 1444. 2. 20.

셋째는 예로부터 써내려오는 이두가 있는데 굳이 또 새로운 문자를 만드는 것은 국가적 낭비라는 것이다. 그리고 만일 훈민정음을 이두와 함께 사용하면 조정이 이두를 쓰는 사람과 훈민정음을 쓰는 사람으로 나뉘어 분열과 혼란을 초래하게 된다는 것이다.

> 이두는 시행한 지 수천 년이나 되었는데 어찌 예로부터 시행하던 폐단 없는 글을 고쳐서 따로 야비하고 상스러운 무익한 글자를 창조하시나이까. 만약에 언문을 시행하오면 관리된 자가 오로지 언문만을 습득하고 학문하는 문자를 돌보지 않아서 이원이 둘로 나뉠 것이옵니다.
>
> _《세종실록》 1444. 2. 20.

넷째는 세종이 훈민정음 창제에 대한 배경을 설명하면서 말과 글을 일치시켜 소송에서 억울한 백성이 없게 한다고 했지만 그렇지 않다는 것이다. 판결이 불공정한 것은 말과 글의 불일치 때문이 아니라 제도를 집행하는 관리들의 소양 때문이라는 것이다.

언문으로 그 말을 써서 읽어 듣게 하면, 비록 지극히 어리석은 사람일지라도 모두 다 쉽게 알아들어서 소송에서 억울함을 품을 자가 없을 것이라고 하오나, 예로부터 중국은 말과 글이 같아도 옥송 사이에 원왕한 것이 심히 많습니다. 형옥의 공평하고 공평하지 못함은 옥리의 어떠하냐에 있고, 말과 문자의 같고 같지 않음에 있지 않습니다.

_《세종실록》 1444. 2. 20.

다섯째는 조정의 여론 수렴 과정을 거치지 않았고, 국가적으로 볼 때도 시급한 과제가 아니므로 서두를 이유가 없다는 것이다.

문자를 만드는 것은 풍속을 바꾸는 큰일이므로, 마땅히 재상으로부터 아래로는 백료에 이르기까지 함께 의논하되, 나라 사람이 모두 옳다 하여도 오히려 선갑후경(先甲後庚)하여 다시 세 번을 더 생각해야 합니다. 백세라도 성인을 기다려 의혹됨이 없게 한 연후라야 이에 시행할 수 있는 것이옵니다. 언문 같은 것은 국가의 급하고 부득이하게 기한에 미쳐야 할 일도 아닌데, 어찌 이것만은 행재에서 급급하게 하시어 성궁을 조섭하시는 때에 번거롭게 하시나이까.

_《세종실록》 1444. 2. 20.

선갑후경은 주역에 나오는 괘사로 "일의 앞뒤 차례를 잘 살피는 것"을 뜻한다.

여섯째는 한창 성리학 공부에 열중해야 할 세자로 하여금 새로운 문자를 배우게 하는 것은 시간낭비라는 것이다.

이제 동궁이 비록 덕성이 성취되셨다 할지라도 아직은 성학에 잠심하시어 더욱 그 이르지 못한 것을 궁구해야 할 것입니다. 언문이 비록 유익하다 이를지라도 특히 문사의 육예의 한 가지일 뿐이옵니다. 하물며 만에 하나도 정치하는 도리에 유익됨이 없사온데, 정신을 연마하고 사려를 허비하며 날을 마치고 때를 옮기시오니, 실로 학업에 손실이 되옵니다.

_《세종실록》 1444. 2. 20.

새로운 문자 창제는 중국을 사대하는 관행에 어긋나므로 외교적 마찰을 초래하고, 스스로 오랑캐가 되고자 하는 어리석은 결정이라고 비판한다. 또 이두와 병행할 경우 국가적 혼란을 초래할 수 있으며, 소송에서 억울한 사람이 생기는 것은 문자 때문이 아니라 옥리들의 소양 문제이고, 여론 수렴 과정을 거치지 않았을 뿐 아니라 화급을 다투는 과제도 아니며, 성리학 공부에 열중하고 있는 세자에게 역효과를 미칠 수 있다는 게 최만리 등의 주장이었다.

이에 대해 임금은 미리 준비하고 있었다는 듯이 이들의 주장을 조목조목 논박한다. 중국과의 외교적 마찰 문제는 언어학에 대한 이들의 이해 부족을 중점적으로 부각시킨다. 곁가지 문제보다는 보편타당한 학문적 이론을 내세워 이들을 꼼짝하지 못하도록 제압하겠다는 의도였다.

> 임금이 소를 보고, 만리 등에게 이르기를, "너희들이 이르기를, '음을 사용하고 글자를 합한 것이 모두 옛 글에 위반된다.' 하였는데, 설총의 이두도 역시 음이 다르지 않으냐. 또 이두를 제작한 본뜻이 백성을 편리하게 하려 함이 아니하겠느냐. 만일 그것이 백성을 편리하게 한 것이라면 이제의 언문은 백성을 편리하게 하려 한 것이다. 너희들이 설총은 옳다 하면서 군상의 하는 일은 그르다 하는 것은 무엇이냐. 또 네가 운서를 아느냐. 사성 칠음에 자모가 몇이나 있느냐. 만일 내가 그 운서를 바로잡지 아니하면 누가 이를 바로잡을 것이냐."
>
> _《세종실록》1444. 2. 20.

최만리 등이 이두를 관습적으로 사용해온 사실을 근거로 들면서 훈민정음에 반대하자 임금은 이두도 엄연히 남의 나라 글을 차용한 것인데 그 이두는 옳다 하고 임금이 창제한 훈민정음은 그르다고 하는 것은 앞뒤가 맞지 않다고 논박한 것이다. 특히 임금이 하고자 하는 일을 그런 잣대로 반대하는 것은 군주에 대한 예에 어긋난다고 이들을 나무랐다. 그러면서 임금은 최만리 등이 세자까지 끌어들여 훈민정음에 반대한 사실을 가리키면서 세자는 임금을 대신하는 자리이므로 엄연한 국정 과제인 문자 창제의 일에 참여시키는 것은 잘못된 것이 아니라고 이들을 질책한다.

> 내가 늙어서 국가의 서무를 세자에게 오로지 맡겼으니, 비록 세미한 일일지라도 참예하여 결정함이 마땅하거든, 하물며 언문이겠느냐. 만약 세자로 하여금 항상 동궁에만 있게 한다면 환관에게 일을 맡길 것이냐. 너희들이 시종하는 신하로서 내 뜻을 밝게 알면서도 이러한 말을 하는 것은 옳지 않다.
>
> _《세종실록》 1444. 2. 20.

세종은 김문과 정창손 등의 언행불일치를 문제 삼아 상소를 올린 신하들의 집단행동에 쐐기를 박았다. 김문은 예전에는 훈민정음에 반대하지 않는다는 입장을 취한 적이 있었고, 정창손은 세종이 《삼강행실도》를 한글로 번역하라는 지시를 내릴 때는 별 다른 말이 없다가 그 후에는 태도를 바꿨다.

> 임금이 말하기를, "전번에 김문이 아뢰기를, '언문을 제작함에 불가할 것은 없습니다.' 하였는데, 지금은 도리어 불가하다 하고, 또 정창손은 말하기를, '삼강행실을 반포한 후에 충신·효자·열녀의 무리가

나옴을 볼 수 없는 것은, 사람이 행하고 행하지 않는 것이 사람의 자질 여하에 있기 때문입니다. 어찌 꼭 언문으로 번역한 후에야 사람이 모두 본받을 것입니까.' 하였으니, 이따위 말이 어찌 선비의 이치를 아는 말이겠느냐. 아무짝에도 쓸데없는 용속한 선비이다." 하였다. 먼젓번에 임금이 정창손에게 하교하기를, "내가 만일 언문으로 삼강행실을 번역하여 민간에 반포하면 어리석은 남녀가 모두 쉽게 깨달아서 충신·효자·열녀가 반드시 무리로 나올 것이다." 하였는데, 창손이 이 말로 계달한 때문에 이제 이러한 하교가 있은 것이었다.

_《세종실록》 1444. 2. 20.

소통의 원칙에서도 고약해의 사례를 들어 살펴봤듯이 세종은 자신의 의견에 반대하는 신하들을 향해서도 귀를 열었다. 자신을 소인이라고 지칭하면서 임금에게 대드는 고약해에게 언로는 터줬지만 군신관계에서의 지나친 무례는 엄중히 그 책임을 물었다. 김문과 정창손에 대해서도 마찬가지였다. 임금은 연명으로 상소문을 올린 신하들 가운데 주동자인 최만리를 비롯한 다른 신하들은 당일 의금부에 하옥시켰다가 다음날 바로 풀어주었다. 하지만 말을 바꾸어 임금을 능멸하려 한 자들만큼은 엄중히 책임을 물어 정창손은 파직하고, 김문은 의금부에서 국문하도록 했다.

"내가 너희들을 부른 것은 처음부터 죄주려 한 것이 아니고, 다만 소(疏) 안에 한두 가지 말을 물으려 하였던 것인데, 너희들이 사리를 돌아보지 않고 말을 변하여 대답하니, 너희들의 죄는 벗기 어렵다." 하고, 드디어 부제학 최만리, 직제학 신석조, 직전 김문, 응교 정창손, 부교리 하위지, 부수찬 송처, 저작랑 조근을 의금부에 내렸다가 이튿날 석방하라 명하였는데, 오직 정창손만은 파직하고, 인하여 의금부에 전지하기를, "김문이 앞뒤에 말을 변하여 계달한 사유를 국문하여 아뢰라." 하였다.

_《세종실록》 1444. 2. 20.

37
초수리에서 정인지와 합류하도록 안배하다

세종이 새로운 문자 창제에 얼마나 몰두했는지 보여주는 또 다른 일화가 있다.

임금은 책을 워낙 많이 봐서 눈이 무척 나빴다. 말년에 이르러서는 바로 앞에 있는 사람도 제대로 알아보지 못할 정도로 나빠졌다. 그래서 눈병 치료에 효험이 있다는 청주 초수리에 행궁을 짓고 그곳에서 두 달가량 머물기도 했다. 행궁은 임금이 임시로 거주하는 궁궐을 말하는데, 정조가 지은 수원 행궁이 가장 유명하다.

세종 26년(1444) 2월 28일, 임금은 초수리 행차를 위해 경복궁을 나섰다. 그리고 3월 2일, 초수리에 도착했다. 한양 도성에서 120km 떨어진 초수리에 불과 나흘 만에 닿은 것이다. 2월 29일에는 경기 양지, 30일에는 안성, 3월 1일에는 충청 덕천에서 1박을 하고 3월 2일 초수리에 도착했다. 임금 혼자가 아니라 왕비와 세자, 아홉 살 난 영응대군을 포함하여 수백 명의 수행원이 함께하는 길을 가마를 타고 하루에 30km를 갔다면 엄청난 강행군이다.

임금의 경호 책임자가 과로한 나머지 초수리에 도착하자마자 사망했을 정도로 행군을 급하게 몰아친 이유가 뭘까? 그 실마리는 초수리 행차 이전의 일에 닿아 있다.

임금이 초수리를 향해 출발한 것이 2월 28일인데, 그 8일 전인 2월 20일에 조정은 벌집을 쑤신 듯 뒤집혔다. 최만리를 비롯한 집현전 학사들이 연명으로 훈민정음 반대 상소를 올린 바로 그날이다. 임금은 이런 사태를 미리 내다본 터여서 더 큰 파장 없이 소란을 수습할 수 있었다. 하지만 마음은 온통 훈민정음의 후속 작업에 쏠려 있었다. 창제 사실을 조신들에게 알리긴 했지만 만백성이 쓰는 국가 공식 문자로 반포하기까지는 남은 과제가 산 넘어 산이었다.

그래서 몸은 초수리를 향했지만 마음은 훈민정음이라는 콩밭에 가 있었다. 임금은 궁궐을 떠나면서 훈민정음 관련 문서를 따로 챙겼다. 한시라도 빨리 초수리에 도착해서 그 문서를 검토하여 후속 작업에 박차를 가하고 싶은 마음에 조바심을 낸 것이다. 그 조바심이 행군을 재촉했고, 결국 경호 책임자가 과로사하는 일까지 벌어진 것이다.

현지에 도착한 임금은 눈병을 치료하기 위해 초수리 물을 떠서 눈을 자주 씻었다. 임금은 초수리에 5월 2일까지 60일간 머물렀는데, 기록상으로 그 기간에 임금이 한 일이라곤 현지 주민들을 만나 위로하고 몇 가지 소소한 업무를 봤다는 것뿐이다. 극히 제한된 내용에 짧은 언급이다. 눈병을 치료하는 외의 시간은 대부분 훈민정음 후속 작업에 매달렸음을 보여주는 대목이다.

여기서 눈길을 끄는 사실이 등장한다. 임금이 훈민정음 창제를 조정에 알리고 후속 작업을 궁리하던 시기에 공법 도입에 앞장서온 정인지가 공법 법제화 기관의 수장인 전제상정소제조(田制詳定所提調) 겸 삼도도순찰사(三道都巡察使)에 임명되어 경상도, 전라도, 충청도의 토지의 질을 조사하기 위해 파견된 것이다. 그는 임금이 초수리에 행차할 무렵에 마침 충청도에서 일을 보고 있었다. 우연의 일치 치고는 너무 절묘하다. 아마도 임금은 훈민정음 후속 작업을 염두에 두고 정인지의 일정을 충청감영이 있는 청주에서 일을 보도록 맞췄을 것이다. 초수리는 청주에서 반나절 거리다. 그래서 임금은 정인지를 자연스럽게 초수리로 불러 훈민정음 후속 작업에 참여시킬 수 있었을 것이다.

정인지는 문학과 경학뿐 아니라 언어학이나 과학에도 식견이 뛰어났고 사고도 무척 유연했기 때문에 그 일에 최고 적임자였다. 그래서 임금은 미리 정인지를 순찰사로 발령하여 자연스럽게 작업에 참여할 수 있는 여건을 만든 것이다. 초수리에서 임금과 훈민정음 후속 작업을 함께하면서 정인지는 새로운 문자를 창제한 임금의 인간적 고뇌를 깨달았고, 새로운 문자 창제의 역사적 의미, 창제 원리 등을 충분히 이해하게 된 것이다.

이것은 추론이긴 하지만 훈민정음과 관련된 일련의 과정을 유심히 살펴봤을 때 세종의 심모원려가 읽히는 대목이다. 훈민정음 반포일인 1446년 9월 29일자의 실록 기사를 통해서도 이런 추론이 사실에 가깝다는 점을 확인할 수 있다.

세종은 서문에서 중국의 글과 조선의 말이 서로 다른 탓에 생기는 언어생활의 불편을 해결하기 위해 훈민정음을 창제했다고 밝혔다. 그리고 바로 뒤이은 예조판서 정인지의 서문에도 이런 문제인식이 그대로 보인다. 정인지는 중국의 문자와 조선의 말이 서로 상충된다는 점을 둥근 막대기를 네모난 구멍이 집어넣을 경우 발생하는 불일치에 비유했는데 임금의 문제인식과 판박이다. 임금과 정인지는 훈민정음으로 통했는데, 초수리에서의 긴밀한 토론과 소통이 결정적인 역할을 했을 것이다.

7장

인간으로서의 원칙

세종은 극진한 효도로 부모를 섬겼다. 왕자 시절은 물론이고 즉위한 후에도 부모에 대한 효심은 조금도 변하지 않았다. 자식이 임금이면 부모라도 그 자식의 신하였지만 세종은 부모에 대한 효가 군신의 도리보다 앞선다고 여겨 임금이기에 앞서 자식 된 도리를 다했다. 형제를 대할 때도 그와 같아서 군신의 관계보다 형제의 우의를 앞세웠다.

38

골육상쟁을 끝내고 화목한 가족을 이루다

태종의 정비 원경왕후는 슬하에 4남 4녀를 두었다. 아들만 놓고 보면 양녕, 효령, 충녕을 태조 3년(1394)부터 두 살, 한 살 터울로 왕자비 시절에 얻고, 막내 성녕은 셋째를 본 지 15년이 지난 태종 12년(1412)에 얻었다. 충녕의 형제는 후궁들 소생까지 합하면 서른 명에 이른다. 양녕과 효령을 제외하면 실록에 거의 등장하지 않는 다른 왕자들은 존재감이 없지만 이들도 엄연히 부왕의 피를 받은 형제들이었다.

어린 시절 충녕은 이들과 북한산을 오르기도 하고, 인근 절에 놀러 다니기도 하면서 여느 아이들처럼 어울리면서 자랐을 것이다. 어릴 때는 형제들끼리 티격태격 싸우기도 했을 것이고, 억울한 일이 있으면 부모님이나 삼촌에게 이르기도 했을 것이다. 상세한 기록은 남지 않아 잘은 모르지만 궁궐도 사람 사는 곳이니 이런 정도는 짐작할 수 있는 일이다.

세종이 왕자 시절에 보인 인간적인 모습들이 종종 실록에 보인다. 충녕은 일찍이 '범생이' 기질을 보였다. 매사에 모범적이고 원칙을 중시하는 모습이 소년 시절부터 이어온 것이다. 늘 손에서 책을 놓지 않았고, 술을 마시되 적당하게 취할 정도에서 그쳤으며, 여색도 티가 나게 밝히지 않았다. 예술적 감각과 악기를 다루는 솜씨가 뛰어나 양녕에게 비파를 가르치기도 했지만 바둑이나 장기 같은 잡기에는 크게 관심을 두지 않았다.

반면에 큰형 양녕은 공부보다 노는 것을 더 좋아했다. 동네 건달들과 어울려 다니면서 허구한 날 술을 마시고 잡기에 빠져 인생을 마음껏 즐겼다. 술은 한번 마셨다 하면 끝을 보는 기질이었고, 길을 가다가도 미색의 여인을 보면 물불을 가리지 않고 작업을 걸어 품에 안고 마는 주색잡기의 달인이었다. 이에 비해 세종은 모범생이었다.

충녕은 양녕의 방탕한 생활을 그냥 보아 넘기지 않았다. 비록 동생이었지만 대놓고 형에게 "인생 그렇게 살지 말라"며 훈계하기도 했고, 때로는 아버지에게 일러바치기도 했다.

임금이 인덕궁에 나아가니, 상왕이 이를 위하여 술자리를 베풀었다. 여러 종친들이 모두 시연했는데, 연회가 파하자 세자가 부마 청평군 이백강이 일찍이 축첩한 기생 칠점생을 데리고 돌아오려 하였다. 충녕대군이 만류하며, "친척 중에서 서로 이같이 하는 것이 어찌 옳겠습니까?" 하였다. 말을 재삼하니, 세자가 마음으로 노하였으나 애써 그 말을 따랐는데, 그 뒤로 세자는 대군과 도가 같지 아니하여 마음으로 매우 꺼려하였다. 임금이 이를 염려하여 바로 대군의 시종하는 인수를 줄였다.

_《태종실록》 1416. 3. 20.

태종이 인덕궁에 행차했을 때 상왕(정종)이 여러 종친들을 불러 술자리를 마련했는데 세자 양녕과 셋째 충녕도 같이 참석했다. 문제는 연회가 끝난 후 벌어졌다. 양녕은 청평군 이백강이 데려온 칠점생이라는 첩실을 자신의 처소로 데려가려 했다. 평소에 칠점생의 미모에 혹해 있다가 마침 궁궐에 들어온 그녀를 보고 취하려 한 것이다.

이백강은 태종의 사위로, 양녕과 충녕에게는 매형이었다. 아무리 세자라지만 인륜에 어긋나는 짓이었다. 그래서 충녕은 매형의 여자를 취하는 것은 옳지 않다며 형을 만류한 것이다. 양녕이 말을 듣지 않자 충녕은 재차 말렸고, 양녕은 결국 칠점생을 포기했다. 범생이 동생 때문에 욕망이 좌절된 양녕의 심정이 어땠을까? 차마 내색하진 못했겠지만 속으로는 아우가 몹시 괘씸했을 것이다.

그 일 이후 양녕은 되도록이면 충녕을 멀리했다. 태종도 형제간의 우애에 금이 가는 것을 우려해 충녕의 시종 인원을 줄였다. 충녕의 눈과 귀가 되는 감시인원을 줄여 양녕에 대한 정보 수집 자체를 어렵게 한 것이다. 그때까지만 해도 임금에게는 세자를 교체할 마음이 없었다. 그래서 충녕의 수족을 잘라 세자를 보호하려 한 것이다.

그렇다고 충녕을 양녕으로부터 완전히 떼어놓을 수는 없었다. 이후에도 충녕의 범생이 행동은 여전했다. 칠점생 소란이 있은 지 6개월 후, 충녕이 또 양녕을 면전에서 훈계하는 일이 벌어졌다.

> 세자가 흥덕사에 가서 신의왕후 기신에 소향하고 나서 바둑 두는 자 2, 3인을 불러서 바둑을 두었다. 충녕대군이, "세자의 지존으로서 아래로 간사한 소인배와 놀음놀이를 하는 것도 이미 불가한데, 더군다나 기신에 있어서이겠습니까?" 하니, 세자가, "너는 관음전에 가서 잠이나 자라." 하였는데, 대개 꺼려한 까닭이었다. 대군이 항상 세자의 근신하지 못하는 것을 간하기를, "조물주가 이빨을 주고, 뿔을 없애고, 날개를 붙이고, 두 발을 주는 다름이 있고 성인군자와 야인의 분수를 밝히었으니, 각각 당연한 법칙이 있지 않음이 없어서 어지럽힐 수 없는 것입니다. 어찌 미세한 사람과 더불어 잡단 오락을 즐길 수 있습니까?" 하니, 세자가 매우 좋아하지 않았다.
>
> _《태종실록》 1416. 9. 19.

신의왕후는 양녕과 충녕의 할머니다. 흥덕사에서 할머니 기신제를 지내고 양녕이 저자거리의 친구들 두세 명을 불러 바둑을 두려

하자 충녕은 "세자가 되어서 동네 건달들과 바둑을 두는 것도 안 될 일인데, 더군다나 할머니 제삿날에 바둑을 두는 것은 더욱 있을 수 없는 일"이라며 양녕의 면전에 대고 쏘아붙였다. 이에 양녕은 "내 일에 관여하지 말고 관음전으로 건너가서 잠이나 자라."며 불쾌해했다.

기사의 말미에 있는 구절로 볼 때, 충녕이 양녕의 이런 행동을 훈계한 일이 한두 번이 아니었음을 알 수 있다. 충녕은 그때마다 세자의 도리니 성인군자의 도리니 하는 틀에 박힌 도덕률을 내세워 형을 훈계했다. 세자로서는 동생의 노골적인 충고가 참으로 못마땅했을 것이다.

이 밖에도 충녕이 양녕을 훈계한 사례는 여럿 있다. 연회에서 양녕이 기생 초장궁을 끼고 질퍽하게 놀자 자중하라며 훈계했고, 양녕이 옷을 입은 후 자신의 용모가 어떠냐며 신하들에게 묻자 옆에 있던 충녕이 먼저 마음을 닦은 후에 용모를 닦으라고 훈계해 양녕을 무안하게 만들었다.

태종은 형제간에 갈등이 깊어져 무슨 변란이 생기진 않을까 한시도 경계를 늦추지 않았다. 형제의 난을 두 차례나 겪은 자신의 전철이 되풀이되지는 않을까 노심초사하는 태종의 심사가 손에 잡힐 듯 절절하다. 태종은 틈만 나면 형제들을 불러 우애를 강조했다.

> 세자 제, 효령대군 보, 충녕대군 도, 막내 종을 불러 형제간의 화목의 도리를 효유하고, 말을 마치자 마침내 눈물을 주르르 흘렸다. 황

희에게 이르기를, "너는 구신이므로 나의 뜻을 미루어 알 것이다." 하니, 세자 이하가 모두 눈물을 흘렸다. 황희가 물러가니, 임금이 세자로 하여금 전문까지 전송하도록 하였다. 황희가 세자에게 다음과 같이 일렀다. "오늘 부왕께서 일깨워주신 뜻을 잊지 않으면 실로 조선 만세의 복이 될 것입니다."

_《태종실록》 1409. 5. 19.

아버지의 가르침 때문이었는지는 몰라도 다행히 이들 형제간에는 아무런 변란이 일어나지 않았다. 세종은 즉위 후에 양녕과 효령을 비롯한 형제들을 살뜰하게 보살폈다. 신하들이 볼 때 지나치다 싶을 정도로 형제간의 우애를 돈독히 베풀었다.

세자 자리에서 쫓겨난 양녕은 왕권에 대한 잠재적 위협 요인이었다. 장자라는 명분을 내세워 민심에 호소하고 세력을 규합하여 언제든지 변란을 일으킬 수 있기 때문이다. 그래서 조신들은 틈만 나면 양녕을 한양 도성에서 멀리 내치라고 상소했다. 하지만 세종은 형제간의 우애는 천륜이라며 이를 거절했고, 수시로 양녕을 궁궐로 불러들여 술과 음식을 대접했다. 양녕의 처리 문제로 김종서를 비롯한 신하들과의 갈등이 극에 달하기도 했지만 이때도 임금은 소신을 굽히지 않았다.

사헌부 집의 김종서 등이 상소하기를, "양녕대군 제는 광패하기 짝이 없어 태종께서 온갖 방법으로 교회하였으나 마침내 뉘우쳐 깨닫지 못했기에, 대의로써 결단하시어 외방에 폐출하고 간사한 소인들이 교묘하게 꾸며댈 것을 염려하여 엄격히 금방을 세우고 명령하기를, '내가 죽은 뒤에는 서울에 왕래할 수 없다.'고 하셨으니, 그 보전하는 계책이 지극하셨습니다. 양녕이 허물을 고칠 마음이 없어서 태종께서 돌아가신 지 얼마 아니 되어 광패함이 여러 번 나타났으므로, 탄핵하는 글이 여러 번 올라갔으나 성상의 우애는 더욱 돈독하셨습니다. 지금 또 간통해서는 아니 될 여자에게 간음하여 욕심을 다하여 거리낌이 없어, 스스로 그 몸에 재앙을 받고 스스로 국법을 자청하게 되었으니 삼가 바라옵건대, 전하께서는 공도에 좇아 작록을 회수하며 출입을 금지하고, 또 그 아들을 밖으로 물리쳐서 태종께서 보전하여 주신 계책대로 마치게 하소서." 하였으나, 윤허하지 아니했다.

_《세종실록》 1428. 1. 15.

양녕은 세자 자리에서 쫓겨난 이후에도 행실이 크게 변하지 않았다. 여전히 술과 여자를 가까이 하면서 인생을 즐겼다. 신하들은 양녕의 이러한 행각을 명분으로 삼아 양녕이 궁궐 출입을 하지 못하게 하라고 주청했지만 임금은 허락하지 않았다. 김종서가 거듭 양녕을 탄핵하자 업무상 과실을 문제 삼아 오히려 김종서를 파직시키면서까지 양녕을 감쌌다.

세종은 효령대군을 비롯한 다른 형제들도 똑같이 챙겼다. 궁궐로 초대하거나 사는 집을 찾아가 잔치를 베풀어 위로하고 온갖 선물을 내렸다.

> 임금이 서교에 거둥하여 농사의 실태를 살펴보고, 드디어 효령대군의 별서인 희우정에 거둥하여 위로연을 베풀고는, 임금이 대언들에게 이르기를, "대군이 이곳에서 병을 피하여 이제 나았으므로, 이에 내가 와서 위로하는 것이다." 하였다. 청평·평양의 두 공주도 또한 오니, 임금이 내구마 각 1필씩을 주고, 날이 저물어 궁으로 돌아왔다.
>
> _《세종실록》 1426. 8. 18.

특히 세종은 자신에게 세자 자리를 양보한 효령대군에게 군왕이 아니라 동생으로서 예를 갖춰 성심을 다해 모셨다. 술자리에서도 효령이 술을 따를 때 앉아서 받지 않고 반드시 서서 술을 받았다. 중국 사신이 예법에 어긋난다고 지적할 정도로 임금은 효령을 형으로 깍듯이 예우했다. 중국 사신의 지적에 대해 황희는 임금이 국가의 질서보다 천륜을 더 중시한다고 답했는데, 황희의 이 답변에 형제를 대하는 임금의 진심이 잘 녹아 있다.

> 사신이 황희와 같이 서로 말하기를, "오늘 잔치에 전하께서 효령대군이 술을 돌릴 때에 어찌하여 일어서시었는가." 하니, 희가 말하기를, "군신의 분의로서 진실로 이와 같이 할 것은 없으나, 전하께서 일어서신 것은 천륜을 중히 여긴 것이라."
>
> _《세종실록》 1423. 4. 7.

효령대군은 임금이 된 동생의 보살핌 속에 천수를 누렸다. 대군은 동생을 먼저 보내고도 문종, 단종, 세조, 예종, 성종까지 다섯 임금을 더 보도록 살아남아 군신 사이에 갈등이 생길 때마다 궁궐을 찾아 조언하는 등 왕실의 어른으로서 자신의 역할을 다했다.

형 양녕대군도 세조 8년(1462)에 69세로 세상을 떠나기까지 장수했지만, 효령대군은 성종 17년(1486)에 92세로 세상을 떠났으니 당시로서는 보기 드물게 장수했다.

39

극진한 효도로 부모를 섬기다

세종은 극진한 효도로 부모를 섬겼다. 왕자 시절은 물론이고 즉위한 후에도 부모에 대한 효심은 조금도 변하지 않았다. 자식이 임금이면 부모라도 그 자식의 신하였지만 세종은 부모에 대한 효가 군신의 도리보다 앞선다고 여겨 임금이기에 앞서 자식 된 도리를 다했다. 형제를 대할 때도 그와 같아서 군신의 관계보다 형제의 우의를 앞세웠다.

세종의 이러한 태도는 일관되어 변함이 없었는데, 명나라 사신도 처음에는 의아해하다가 결국 그 효심에 감탄할 정도였다. 세종 2년(1420) 4월, 어느 봄날의 연회 풍경 묘사에 그 정황이 잘 나타나 있다.

> 임금이 낙천정에 문안하니, 두 사신이 뒤이어 이르므로, 두 임금이 영접하여 들이어 정자에다 연회를 차렸는데, 백관의 시위함과 의장과 호위함이 모두 다 보통 때와 같았다. 상왕이 술을 돌릴 때에, 서서 임금에게 술을 주니, 임금이 부복하여 받고, 임금이 술을 돌릴 때에는 꿇어앉아 올리는데 매우 경근하고, 상왕은 앉아서 받으니, 조양이 감탄하여 말하기를, "신왕 전하는 조정을 공경하고 노왕을 공경하시어 충효가 겸전하십니다. 내가 사절을 받들고 제후 나라에 간 것이 여러 번이었으나, 신왕 전하 같으신 어진 분은 있지 않았습니다."
>
> _《세종실록》 1420. 4. 20.

낙천정(樂天亭)은 지금의 광진구 자양동 한강변에 태종이 별궁으로 지은 것인데, 이곳에서 바라보는 한강의 풍광이 아름답기 그지없었다. 상왕 태종은 여기서 중국 사신을 위한 연회를 베풀었는데, 상왕이 금상에게 서서 술을 따르고 금상은 무릎을 꿇은 자세로 공손하게 술을 받았다. 그리고 금상이 술을 따를 때는 상왕은 앉은 채로 받고 금상은 무릎을 꿇고 따랐다. 중국 사신(조양)에게는 그 풍경이 몹시 낯설었을 테다. 아무리 상왕이라지만 금상에게 서서 술을 따르고 또 금상은 무릎을 꿇고 술을 받는다는 것은 왕국의 법도에 어긋나기 때문이다. 하지만 세종은 전혀 개의치 않고 부왕에게 부복했다. 술을 받을 때도 그랬고, 술을 따를 때도 그랬다. 임금이 자연스럽게 그렇게 행동하자 중국 사신은 "고래에 찾아보기 힘든 효자"라며 칭찬을 아끼지 않은 것이다. 그리고 "돈이 있어도 아들의 그런 효심을 살 수 없다"며 중국 사신이 거듭 감탄하자 태종은 눈물 콧물을 적시면서 크게 울었고, 주변의 신하들도 따라서 같이 울었다.

> 사신이 이내 옛말로 영탄하기를, "돈이 있어도 자손의 어짊은 사기 어려운 것입니다." 하니, 상왕이 사신 앞에 나아가 사례하며 말하기를, "이제 사신의 말씀을 듣고 눈물이 흐름을 깨닫지 못하였으니, 행여 괴이쩍게 여기지 마시오." 하고, 드디어 눈물과 콧물이 턱에 흐르니, 연회에 모시고 있던 여러 신하들도 모두 다 감동하여 울었다.
>
> _《세종실록》 1420. 4. 20.

상왕 태종은 금상이 지극정성으로 효도를 다하자 변계량에게 "자식이 왕이 되어 지극한 정성으로 봉양하고 아비로서 그 복락을 누리니 이와 같은 일은 고금에 드물 것"이라며 흡족해하기도 했으며, 대비 원경왕후에게는 "그때 부인의 말을 들었더라면 일을 크게 그르칠 뻔했다"며 대비가 고집한 장손(양녕의 아들) 대신 충녕을 세자로 선택한 자신의 결정에 안도감을 표시하기도 했다.

세종은 어머니 원경왕후 민씨에 대해서도 효성이 지극했다. 세종 2년(1420), 어머니의 병이 깊어지자 임금은 한시도 곁을 떠나지 않고 밤낮으로 돌봤다. 밥도 제대로 먹지 않고 잠도 제대로 자지 않으면서 어머니를 보살펴 신하들이 임금의 건강을 염려할 정도였다. 심지어는 어머니를 직접 모시고 개경사(開慶寺)로 피병(병을 피해 여기 저기 다니는 것)을 가기도 했다. 신하들이 극구 반대했지만 임금은 미복 차림으로 한밤중에 어머니를 모시고 길을 나섰다. 개경사에 도착해서는 손수 방을 청소하고 나서 어머니를 방으로 모셨다. 낮에는 정사를 보았지만, 밤이 되면 신하들에게 행선지를 말하지도 않고 인근 지역으로 어머니를 모시고 피병을 나가 신하들을 곤란하게 만들기도 했다.

> 절에 가까이 이르러 임금이 다만 한 사람만 데리고 먼저 본사(本寺)에 가서 있을 방을 깨끗이 쓸고 돌아와, 대비를 맞아 절에 머문 지 나흘이 되도록 사람들에게 알리지 아니하고 낙천정 시위를 평상과 같이 하니, 안팎에서 그 향방을 알지 못하였다.
>
> _《세종실록》 1420. 6. 6.

그런 정성에도 어머니의 병세에 차도가 없자 임금은 손수 탕약을 올리기도 하고, 좋은 약이 있는 곳이면 어디든 마다않고 찾아가서 그 약을 구해오게 했다. 그리고 어머니의 병세가 악화돼 끝내 숨을 거두자 임금은 여막에 앉아 식음을 전폐하고 대성통곡했다. 임금이 며칠째 곡기를 끊자 신하들과 함께 상왕까지 나서서 밥을 들라며 임금을 설득했다. 비가 와서 여막에 물이 차자 신하들이 자리를 옮길 것을 권했지만 임금은 자식 된 도리를 다하지 못해 어머니가 죽었다며 자책했다.

이날 저녁에 큰 비가 와서 물이 넘쳐 여차(廬次)에 들어오되, 임금이 오히려 옮기지 않으니, 모든 대언이 합사하여 청하기를, "바람과 비가 함께 휘몰아치는데, 어찌 지존의 몸으로 누습함을 피하시지 않고 온 밤을 지내려 하십니까. 하늘에 계신 대비의 영혼이 어찌 슬퍼하시지 않으시리이까. 상왕께서 들으시면 또한 반드시 놀라 염려하실 것이오니, 자리를 옮기소서." 하니, 임금이 말하기를, "모후께서 병환이 드시매, 주야로 근심하고 두려워하여, 그 나으시기를 바랐으나, 마침내 효험을 얻지 못하고 이에 이르니, 이 몸의 죽고 사는 것은 감히 돌아볼 바가 아니다." 하고, 울며 듣지 않으셨다.

_《세종실록》 1420. 7. 13.

세종의 효심은 하늘도 감동시켰는지 평소 사이가 안 좋던 아버지와 어머니의 관계를 회복시키는 촉매 역할도 했다. 원경왕후 민씨는 남편이 왕위에 오른 후 자신을 홀대하고 친정 동생들의 목숨까지 앗아가자 남편을 극도로 미워했다. 남편이 다른 여인을 가까이 하자 민씨가 남편의 옷자락을 놓지 않고 투기를 부렸을 정도로 둘 사이는 극도로 악화되었다. 태종도 투기를 일삼는 아내의 태도를 못마땅하게 여겨 더욱 멀리했다.

그러던 태종도 지극정성으로 어머니의 병구완을 하는 아들의 효심에 감복해 아내의 임종 직전에 마침내 아내와 화해했다. 태종은 죽음을 앞둔 아내의 손을 잡고 회한과 화해의 눈물을 흘렸고, 민씨도 그런 남편에 대한 원망을 풀고 편히 눈을 감았다.

40

격구와 강무로 신체 건강을 돌보다

세종은 몸집이 비대한 편이었다. 요즘 우리가 보는 세종의 어진은 보통 체격으로 그려져 있지만 실록의 기록을 종합해 보면 세종은 조금 뚱뚱한 편이었다. 그렇다고 세종이 운동에 젬병인 것 같지는 않다. 세종도 나름 열심히 운동을 했다. 그 중에서도 격구를 좋아했다. 격구는 요즘의 골프와 비슷한 운동으로 실록에 경기 방법과 특징이 자세하게 묘사되어 있다.

구를 치는 몽둥이는, 모양은 숟가락과 같고, 크기는 손바닥만 한데, 물소 가죽으로 만들었으며, 두꺼운 대나무로써 합하여 자루를 만들었다. 구의 크기는 달걀만 한데, 마노 혹은 나무로 만들었다. 땅을 주발과 같이 파서 이름을 와아라 하는데, 혹은 전각을 사이에 두고, 혹은 섬돌 위에, 혹은 평지에 구멍을 만든다. 꿇어앉기도 하고, 서기도 하여 구를 치는데, 구가 날라 넘어가기도 하고, 비스듬히 일어나기도 하고, 구르기도 하여, 각기 구멍 있는 데의 적당한데 따라서 한다. 구가 구멍에 들어가면 점수를 얻게 되는데, 그 절목이 매우 많다.

_《세종실록》 1421. 11. 25.

세종은 날이 추워져 야외로 나갈 형편이 안 되면 궁궐 내에 마련된 격구장에서 격구를 즐겼다. 요즘 골퍼들이 날씨가 추울 때 필드에 나가지 않고 인도어 골프장이나 스크린 골프장에서 골프를 즐기는 것과 같다. 조를 맞춰서 치는 것도 골프와 흡사하다. 세종은 태상왕(정종)과 효령대군을 비롯한 종친들을 주로 초청해 격구를 함께 즐겼다. 임금이 겨울 내내 격구를 즐겼다는 기록도 보인다.

태상왕이 임금과 더불어 비로소 신궁의 내정에서 구를 쳤다. 일기가 추워서 교외에는 나갈 수 없으므로, (내정에서) 이 놀이를 하였는데, 이듬해 봄에 이르러서야 그치었다. 입시하여 구를 친 사람은 효령대군 이보, 익평부원군 석근, 경녕군 이비, 공녕군 이인, 의평군 이원생, 순평군 이군생, 한평군 조연, 도총제 이징, 이담, 광록경 권영균이다.

_《세종실록》 1421. 11. 25.

"구를 쳤다"는 표현도 "공을 친다"는 요즘의 골프 용어와 같다.

아마 스코어카드 같은 것도 있었을 텐데 사관들이 그것까지는 기록해두지 않아 세종의 핸디가 어느 정도였는지 알 길은 없다.

격구 치는 법을 법제화하여 무과시험 과목에 넣기도 하고, 경복궁 앞에 별도로 격구 전용구장을 만든 것으로 볼 때 세종은 대단한 격구 마니아였던 것 같다. 신하들은 자신들이 격구를 하지 않았을 뿐만 아니라 임금이 격구에 시간을 많이 빼앗기는 것도 마땅찮아했다. 신하들이 잔소리를 하자 임금은 이렇게 답한다.

> 임금이 대언들에게 이르기를, "격구 치는 것을, 조신들이 고려조의 폐해를 들어 폐지를 청한 자가 많으나, 격구는 본시 무예를 연습하기 위함이요, 희롱하는 것이 아니다. 옛날의 일을 상고하여 보아도 이러한 일들이 자못 많은데, 이는 모두 무예를 습득하기 위해서 한 것이다. 무예를 연습하는 데는 이보다 나은 것이 없으며, 고려조의 전성기에도 또한 무예를 연습하기 위해 하였던 것인데, 임금이 즐기는 것이란 비록 격구는 아니더라도 심지어 악공과 광대 등의 희롱을 즐겨하는 이도 있으니, 어찌 이만을 가지고 인주의 폐단으로 삼을 수 있겠는가. 뒤에 만약 비난하는 자가 있다면 스스로 하지 않는 것이 옳을 것이다."
>
> _《세종실록》 1430. 9. 21.

격구와 함께 임금이 즐긴 운동은 사냥이었다. 말을 타고 다니면서 짐승몰이를 하는 방식이 전쟁에서 적을 공격하는 모양과 비슷해 당시의 사냥은 군사훈련을 겸했으므로 강무(講武)라고 했다. 무예연습이란 뜻이다. 임금도 전시에는 군대를 지휘하는 최고사령관이 되어야 하므로 강무는 군주로서 게을리 할 수 없는 운동이었다.

세종은 강무와 관련해서도 신하들과 부딪혔다. 임금이 강무를 워낙 자주 나가자 고약해가 제동을 걸었다. 임금 앞에서 자신을 '소인'이라 지칭하며 대들던 쓴소리의 대명사 고약해다.

> 형조참판 고약해가 아뢰기를, "강무는 곧 옛 대열의 유제로 폐지할 수 없는 것입니다. 그러나 유희에 가까우며, 또 요사이는 사신을 접대하느라고 경기와 강원도에는 폐를 입는 일이 더욱 심합니다. 비옵건대, 강무 일수를 줄이고, 또 가까운 곳에 거둥하도록 하시어서 백성의 힘을 쉬게 하소서."
>
> _《세종실록》 1432. 1. 24.

고약해는 임금이 강무를 나가면 인근 지역의 백성들에게 폐를 끼치게 되므로 가급적이면 그 횟수를 줄이고 강무를 나가더라도 경기도나 강원도와 같이 먼 지역이 아니라 한양 도성에서 가까운 것으로 나가는 것이 옳다고 말했다. 수령육기제를 반대하던 때와는 사뭇 다르게 이번에는 상당히 절제된 언사를 사용하고 있다. 신하로서 당연히 할 수 있는 말이었다. 하지만 임금은 이번에도 고약해의 건의를 받아들이지 않는다. 강무란 유희가 아니라 국가의 안보와 관련된 일이기에 그만둘 수 없다는 것이 임금의 원칙이었다.

임금이 말하기를, "경의 말이 매우 좋도다. 그러나 강무는 유희가 아니다. 강무는 종묘를 받들고 빈객을 접대하고 무예를 익히는 일로써 관계되는 바가 가볍지 않다. 요사이 사신이 오는 것으로 인하여 강무하는 일은 1년에 한 번을 넘지 않으며, 일수도 또한 적다. 그런 까닭에 종묘의 제물과 손님 접대의 육류가 부족하다고 유사가 보고하여, 각 고을에 그것의 공납을 추가 배정하게 되어서, 그 폐해도 또한 크다. 경의 말이 비록 좋으나 강무를 폐지할 수는 없다. 어찌 내가 좋아서 하는 일이겠는가. 부득이하여 할 뿐이다." 하였다.

_《세종실록》 1432. 1. 24.

임금은 고약해가 부드럽게 나오자 "경의 말이 매우 좋다"며 일단 고약해의 건의를 긍정적으로 평가한다. 하지만 원칙은 바꾸지 않는다. 강무가 백성들에게 어느 정도 폐를 끼치는 것은 사실이지만 종묘사직을 위한 국가의 중대사이므로 결코 그만둘 수 없다며 고약해의 건의를 받아들이지 않는다. 강무에 대한 신하들의 비판은 이후에도 이어진다. 신하들은 강무를 군사훈련이라기보다는 임금의 취미생활 정도로 인식했다. 하지만 임금은 이때도 신하들의 현실인식이 잘못되었다며 원칙을 고수한다.

임금이 말하기를, "어제 사간원에서 상소하기를, '금년은 각 도에 모두 흉년이 들었으니, 외방의 시위패들은 번에 오르지 말게 하소서." 하니, 그 뜻은 좋다. 그러나 나는 이를 옳지 않다고 본다. 군사란 국가에 소중한 것이고, 강무의 일이란 군대를 상비하는 국가의 중대사이며, 이는 곧 태종께서 자손을 위하여 이루어 놓으신 법인지라 폐할 수 없는 것이다. 대간들이 전연 이를 생각하지 않고, 한갓 임금 한 사람의 기욕으로만 여기고는 번거롭게 간할 뿐 아니라, 대신까지도 간혹 이를 비난하는 자가 있으니, 이것은 오활한 말이며, 좇을 수 없는 것이다. 정치의 대체를 돌아보지 않고 한갓 폐단의 제거만을 들어서 번거롭게 오활한 말들을 늘어놓는 것은 나는 매우 잘못으로 안다." 하였다.

_《세종실록》 1434. 1. 15.

사간원은 임금의 국정 전반을 비판하는 언론 삼사 가운데 하나다. 따라서 사간원에서 상소를 올려 강무를 반대했다는 것은 조정의 여론이 어느 정도 반영된 것으로 봐야 한다. 신하들은 그만큼 강무를 부정적으로 바라보고 있었다. 사간원의 상소 형식으로 건의문이 올라오자 세종도 다소 톤을 높여서 논박한다. 경청하는 군주답게 임금은 이번에도 "그 뜻은 좋다"며 언론의 자유를 터놓는다. 하지만 강무를 단순히 임금의 유희나 사적인 욕망 정도로만 보는 신하들의 인식은 크게 잘못된 것이라며 질책성 발언을 쏟아놓는다. 오활하다는 말은 "사리를 제대로 분별하지 못하고 어둡다"는 뜻이다. 정치의 대체를 돌아보지 못한다는 것은 신하들이 국정의 큰 가닥은 보지 못하고 잔가지에만 매달려 있다는 비판이다.

41

정치에 희생된 가족의 비극을 부부 사랑으로 이겨내다

세종의 비 소헌왕후 심씨는 영의정을 지낸 심온의 딸로 본관은 청송이다. 열네 살이던 태종 8년(1408)에 두 살 아래인 충녕과 혼인하고, 충녕이 즉위하자 왕비에 책봉되었다. 심씨는 임금의 정비로 부부 금슬까지 좋았지만 그 생애가 마냥 행복하지만은 않았다.

상왕 태종은 금상의 장인 심온을 영의정에 올리고 중국 사신으로 보내는 등 금상의 즉위 초기까지만 해도 예를 갖춰 대우했다. 하지만 심온이 사신으로 출발할 때 그를 전송하기 위해 도성거리를 메운 인파가 인산인해를 이루자 또 하나의 외척세력이 발호할 조짐으로 보고 그를 제거한다. 뚜렷한 증좌도 없어 명분이 약했지만 심온이 중국에서 귀국하는 길로 곧장 잡아들여 반역 음모의 수

괴로 몰아 사사해 버린다. 왕권 강화를 위해서라지만 엄연히 정치 공작이었고, 피도 눈물도 없는 비정한 행동이었다. 상왕은 심온을 사사한 것으로 그치지 않고 심씨의 친척들을 대거 죽이고 어머니와 형제들은 노비로 만들어버렸다.

장인이 역적의 수괴로 몰려 죽고 장모가 노비로 떨어지는 등 처가가 쑥대밭이 되는 상황에서도 임금은 그저 지켜볼 수밖에 없었다. 임금에 오르긴 했지만 군왕의 권력은 여전히 아버지 상왕에게 있었다. 아버지의 성정을 누구보다 잘 아는 임금은 항의나 애원이 아무 소용없다는 것을 알기에 침묵했다. 자신의 때가 올 때까지 묵묵히 시간을 견디는 것이 최선이라고 판단했다. 왕비가 폐출되지 않은 것만 해도 다행이었다. 조신들이 역적의 딸을 왕비 자리에 둘 수 없다며 폐비를 거듭 주청했지만 상왕은 "형벌은 아들에게도 미치지 않는다 했는데 하물며 딸에게 미치겠느냐"며 왕비만큼은 금상의 곁에 두었다.

> 의금부제조 등이 수강궁에 나아가서 중궁을 폐하기를 청하니, 상왕이 말하기를, "평민의 딸도 시집을 가면 (친정 가족에) 연좌되지 않는 법인데, 하물며 심씨는 이미 왕비가 되었으니, 어찌 감히 폐출하겠는가."고 하니, 조말생 등이 대답하기를, "형률로써 논하면 상교가 옳습니다. 그러나 주상의 처지에서 논한다면, 심온은 곧 부왕의 원수이니, 어찌 그 딸로써 중궁에 자리를 잡고 있도록 하겠습니까. 은정을 끊어 후세에 법을 남겨두시기를 청합니다." 하니, 상왕이 대답

하지 않았다. 박은이 또 병조에 나아가서 당상관에게 이르기를, "그 아버지가 죄가 있으니, 그 딸이 마땅히 왕비로 있을 수 없다."고 하였다. 상왕이 이 말을 듣고 이에 유정현·허조·허지와 의정부 당상관을 불러 보고 말하기를, "《경》에, '형벌은 아들에게도 미치지 않는다.' 하였으니, 하물며 딸에게 미치겠느냐."

_《세종실록》 1418. 11. 29.

여기서 《경》은 《서경(書經)》을 말한다. 중국 상고시대의 정치를 기록한 책으로 《상서(尙書)》라고도 한다.

조말생, 박은, 유정현 등 조신들이 모두 나서서 왕비 폐출을 주청했지만 상왕은 출가한 딸에게는 연좌의 죄를 적용할 수 없다며 며느리를 옹호했다. 아들 금상을 성군으로 만들기 위해 정치적 환경을 깨끗하게 정리하려는 의도에서 외척 발호의 낌새를 풍긴 심온을 사사하여 이미 목적을 이룬 터에 더 이상의 분란으로 금상의 심기를 흔들 필요는 없다고 본 것이다.

가까스로 왕비 자리는 보전시켰지만 임금으로서는 아내에 대한 마음의 빚이 컸다. 친정이 풍비박산 나는 중에 아내가 겪었을 심적 고통을 잘 알지만 해줄 수 있는 일이 아무것도 없는 자신의 처지 때문에 임금은 아내 앞에서 고개를 제대로 들기 힘들었을 것이다. 임금은 아내에게 진 마음의 빚을 갚기라도 하듯 재위 기간 내내 살뜰하게 아내를 챙겼다. 왕가의 관례상 후궁을 여러 명 들이기는 했지만 임금의 마음에는 늘 왕후뿐이었다. 두 사람은 그 흔한 부부싸

움 한 번 하지 않을 만큼 금슬이 좋았다.

조선 왕실에서 이들만큼 금슬 좋은 부부는 드물었다. 둘 사이에 열 명의 자식을 본 사실만으로도 그 금슬이 어떠했을지 짐작할 수 있다. 여기에는 왕후의 후덕한 심덕도 크게 작용했을 터였다. 남편도 임금인지라 여러 후궁들을 들였지만 투기하기는커녕 싫은 내색조차 하지 않았다. 남편 임금은 물론이고 시아버지 상왕도 왕후가 덕으로 가화(家和)를 이뤘다고 칭송했다. 어쩌면 상왕이 심온 일가를 처형하면서도 굳이 며느리 심씨만은 감싸 보호한 것은 일찍이 그 후덕함을 알아본 때문인지도 모른다.

> 중궁은 성품과 언행이 훌륭하여 투기하는 마음이 없었으므로, 태종께서 매양 나뭇가지가 늘어져 아래에까지 미치는 덕이 있다고 칭찬하셨다. 이런 까닭으로 가도(家道)가 지금에까지 이르도록 화목하였다.
>
> _《세종실록》 1436. 10. 26.

임금이 내자시 여종이던 신빈 김씨를 사랑해서 귀인에 봉했을 때도 왕후는 투기하는 내색이 없었다. 임금이 여덟 소생을 둘 만큼 김씨를 총애했지만 왕후는 한 번도 시기하지 않았다. 오히려 세종 16년(1434)에 낳은 막내아들 영응대군의 양육을 김씨에게 맡길 정도로 그녀를 존중하고 신뢰했다.

이런 국모를 신하들도 후하게 평가했다. 세종 28년(1446), 왕후가 52세로 세상을 뜨자 정인지는 최고의 헌사로 국모를 추모했다.

왕후가 인자하고 어질고 성스럽고 착한 것이 천성에서 나왔는데, 중궁에 정위한 뒤로는 더욱 스스로 겸손하고 조심하여 빈잉을 예로 접대하고, 아래로 궁인에 이르기까지 어루만지고 사랑하여 은혜를 가하지 않음이 없으며, 후궁이 나아와서 뵙는 자가 있으면 반드시 위로하고 용납하는 것을 가하며, 만일 상감께서 총애하신 자는 특별히 융성한 대우를 주어, 지극한 정이 사이가 없으며, 낳으신 여러 아들을 모두 후궁으로 하여금 기르게 하시니, 후궁이 또한 마음을 다하여 받들어 길러서 자기 소생보다 낫게 하였으며, 또 일을 위임하여 의심하지 않고 맡기시니, 후궁이 또한 지성껏 받들어 순히 하여 감히 게을리 함이 없었다.

_《세종실록》 1446. 6. 6.

왕후를 여의고 나서 임금은 당뇨와 안질이 부쩍 악화되어 정사를 보기 힘든 지경에 이르렀다. 훈민정음을 창제하느라 기력을 소진한 것이 지병을 악화시켰지만 평생의 반려였던 왕후의 빈자리가 너무 커 마음의 상처가 깊어진 탓이기도 했다.

왕후를 여의기 2년 전인 세종 26년(1444)에는 다섯째 아들 광평대군을 잃고, 이듬해에는 일곱째 아들 평원대군을 잃었는데, 거기에 아내의 죽음까지 겹치자 임금은 급격히 무너졌다. 재위 말년에 임금이 조신들의 거듭된 반대에도 불구하고 궐내에 불당을 건립하고 불교에 마음을 의탁한 것도 독실한 불교신자였던 왕후에 대한 애틋한 사랑 때문이었다.

세종의 원칙

시대를 초월한 가르침, 세종에게 묻다

초판 1쇄 발행 2021년 5월 18일

지은이 박영규
펴낸이 성의현
펴낸곳 (주)미래의창

출판 신고 2019년 10월 28일 제2019-000291호
주소 서울시 마포구 잔다리로 62-1 미래의창빌딩(서교동 376-15, 5층)
전화 070-8693-1719 **팩스** 0507-1301-1585
ISBN 979-11-91464-17-7 03190
※ 책값은 뒤표지에 있습니다. 잘못된 책은 바꿔 드립니다.